知っていると役立つ
「東洋思想」の授業

熊谷充晃

孔子、老子、
韓非子から
孫子、
尉繚子まで

日本実業出版社

まえがき

　思想が生まれるには、その思想を生み出す人物が送った人生や、その生きた時代などのバックボーンも大きく影響します。

　本書は「諸子百家」と総称される、古代中国で生まれ2000年以上の時を経て今なお、生きかたや処世術の参考にされることも多い東洋思想を紹介した内容ですが、日常生活に東洋思想を活用できる本を目指すと同時に、その背景となった歴史も簡単におさらいできる書籍を目指しました。そこで思想や名言を紹介するだけではなく、歴史を解説する「イントロダクション」を設けるなど、歴史解説にも紙幅を割いています。

　本編は、思想を現代に伝える書物や、その著者とされる人物についてのプロフィールに続いて、実生活で役立てられそうな名言・名句をいくつか解説つきで紹介する構成にしました。日本でも人気が根強い『論語』の孔子から、兵法といえばこの人！ といえる孫子をはじめ、日本での知名度以上に中国では古来より重要視されていた『呉子』や『尉繚子』まで、「諸子百家」を幅広く紹介しています。

　活用するうえで想定されるシチュエーションを添えて解説しましたが、シチュエーションを限定する意図はないので、現在の自分が置かれている環境や状況などに、自由に当てはめて参考にしてください。
　また、各時間の末尾には「補講」として詳述できなかった名言・名句を掲載しています。こちらもより良質な日常生活を送るためのヒントとして活用してください。

　本書を、読者のみなさんの日常を彩る、あるいはワンランク高い生きかたを求めるためのツールとして活用いただければ幸いです。

目次

まえがき

イントロダクション
東洋思想の"源流"が生み出された背景
── 「諸子百家」と春秋戦国時代 ──

- ■「春秋戦国時代」は東洋思想の出発点！ ──────── 10
- ■ 戦乱が生んださまざまな思想「諸子百家」──────── 12
- ■ 東洋思想が生まれたキッカケ……春秋時代 ──────── 16
- ■ 中国統一をかけた諸侯の生き残りトーナメント……戦国時代 ── 21
- ■「諸子百家」と「春秋戦国時代」
  ……お互いが必要不可欠だった関係性 ──────── 24
- ≫ 諸子百家　関連年表 ──────── 26

1時間目
孔子に学ぶ「論語」の教え

- ■『論語』と「儒教」についての基礎知識 ──────── 28
- ■ 日本とも関係が深い『論語』──────── 35

- 『論語と算盤』……渋沢栄一にとっての"儒教" ── 41
- 『論語』が説く「儒教」の中身とは ── 45
- 孔子についての基礎知識 ── 50
- 其れ恕か。己の欲せざる所は、人に施すなかれ。── 53
- 人の己を知らざるを患えず、人を知らざるを患えよ。── 55
- 力足らざる者は、中道にして廃す。今なんじは画れり。── 57
- ❶時間目の補講　よく使われる『論語』の言葉 ── 58

2時間目
孟子に学ぶ「性善説」の教え

- 『孟子』についての基礎知識 ── 62
- 孟子とはどんな人物だったのか？ ── 66
- 孟子の理想と「性善説」と「孔孟思想」── 68
- 惻隠の心は仁の端なり。羞悪の心は義の端なり。
  辞譲の心は礼の端なり。是非の心は智の端なり。── 76
- 王左右を顧みて他を言えり。── 78
- 木に縁りて魚を求むるがごとし。── 80
- 五十歩を以て百歩を笑う。── 81
- 為さざるなり、能わざるに非ざるなり。── 82
- ❷時間目の補講　ワンモア『孟子』の世界観 ── 83

3時間目
荀子に学ぶ「性悪説」の教え

- 『荀子』についての基礎知識 ────── 86
- 荀子とはどんな人物だったのか？ ────── 88
- 戦国末期という時代が生んだ「性悪説」 ────── 94
- 塗の人も以て禹たるべし。 ────── 96
- その積むところに私して、ただその悪を聞かんことを恐る。 ────── 97
- 青は、これを藍より取りて、しかも藍より青し。 ────── 98
- 学はその人に近づくより便はなし。 ────── 99
- 螣蛇は足無けれども飛び、鼫鼠は五技あれども窮す。 ────── 100
- ❸時間目の補講　『荀子』に見る鮮やかな論理 ────── 101

4時間目
老子に学ぶ「道教」の教え

- 『老子』についての基礎知識 ────── 104
- 老子が主張した思想の中核 ────── 106
- 道の道とすべきは常の道に非ず。 ────── 109
- 大方は隅なし。大器は晩成す。大音は希声なり。
  大象は無形なり。 ────── 110

- 📜 上善は水の若し。水は善く万物を利して争わず、
  衆人の悪む所に処る。——————————— 111
- 📜 聖人はその身を退けて身先んじ、その身を外にして身存す。—— 112
- 📜 有の以て利を為すは無の以て用を為さねばなり。——————— 113
- 📜 功遂げ身を退くは天の道なり。———————————— 114
- 📜 其の鋭を挫き、其の紛を解き、
  其の光を和らげ、其の塵と同じくす。——————— 115
- ❹時間目の補講　まだある『老子』エッセンス ———— 117

5時間目
荘子が示したもうひとつの「道教」

- 📖 『荘子』についての基礎知識 ——————————— 120
- 📖 荘子が示した理想とは ————————————— 124
- 📜 其の愚を知る者は、大愚に非ざるなり。
  其の惑いを知る者は、大惑の非ざるなり。————— 127
- 📜 朝は三つにして莫れは四つ。———————————— 128
- 📜 鑑明らかなれば即ち塵垢止まらず、
  止まれば即ち明らかならざるなり。—————— 130
- 📜 人みな有用の用を知るも、无用の用を知る莫きなり。——— 132
- 📜 荘周、夢に胡蝶と為る。——————————— 134
- ❺時間目の補講　まだある『荘子』が出典の格言 ———— 135

6時間目
韓非子に学ぶ「法家」の教え

- 『韓非子』についての基礎知識 ―――― 138
- 韓非の生い立ちと『韓非子』執筆まで ―――― 140
- 其れ物は宜しき所あり、材は施す所あり。 ―――― 143
- 人君たる者は、しばしば其の木を披き、木の枝をして扶疎ならしむなかれ。扶疎なれば、将に公閭を塞がんとす。 ―――― 144
- 不賢にして賢者の師となり、不智にして智者の正となる。 ―――― 146
- 人主その富を用うるあたわざれば、外に終わる。 ―――― 148
- **6時間目の補講** 『韓非子』に由来する私たちに身近な言葉 ―――― 149

7時間目
孫子に学ぶ「兵法」の教え

- 『孫子』についての基礎知識 ―――― 152
- 2人の「孫子」その生涯 ―――― 156
- 2人の「孫子」その思想の相違は？ ―――― 163
- 孫臏の「必勝5ポイント」＆「必敗5ポイント」 ―――― 169
- 能なるも、之に不能を示し、用なるも、之に用いざるを示す。 ―――― 171
- 算多きは勝ち、算少なきは勝たず。 ―――― 173

- 📜 上兵は謀を伐ち、その次は交を伐ち、
　その次は兵を伐ち、その下は城を攻む。————— 175
- 📜 無法の賞を施す。————————————————— 179
- 📜 声は五に過ぎざるも、五声の変は、勝げて聴くべからず。
　色は五に過ぎざるも、五色の変は、勝げて観るべからず。
　味は五に過ぎざるも、五味の変は、勝げて嘗むべからず。— 180
- **❼時間目の補講** 私たちの身近にある『孫子』————— 182

8時間目

受け継がれた「兵法」
── 呉子と尉繚子 ──

- 📖 兵法書の最高峰「武経七書」とは ————————— 186
- 📖 『呉子』……その内容と特徴は？ ————————— 192
- 📖 『呉子』の著者はどんな人物だったか ——————— 194
- 📖 『尉繚子』……その内容と特徴は？ ———————— 200
- 📖 『尉繚子』の著者はどんな人物だったか —————— 205
- 📜 昔の国家を図る者は、必ず先ず百姓を教え、
　而して万民を親しむ。四つの不和有り。
　(中略) 先ず和して而る後に大事を造す。————— 207
- 📜 賤しくして勇ある者をして、軽鋭を将いて以て之を嘗み、
　北ぐるを務めて、得るを務むるなからしむ ——————— 210
- 📜 君、有功を挙げて進みて之を饗し、功無きをば之を励ませ。— 212

- およそ兵は、制必ず先ず定む。制先ず定まらば則ち士乱れず。士乱れざれば則ち刑乃ち明らかなり。——— 214
- 視れども見ることなく、聴けども聞くことなきは、国に市無きに由ればなり。それ市とは、百貨の官なり。——— 216
- **⑧時間目の補講** 尉繚子が説くリーダーの条件 ——— 218

》**参考文献** ——— 220

あとがき

カバーデザイン／萩原 睦（志岐デザイン事務所）
カバー・本文イラスト／池田優子
本文デザイン・ＤＴＰ／初見弘一（TOMORROW FROM HERE）

本書の使いかた

◆イントロダクションは、本編をより深く知るために、思想が生み出された時代の歴史を簡単に解説したものです。

◆1〜8時間目の本編は、以下のような構成になっています。

思想の著者や著作にまつわるエピソードやプロフィール
↓
現代に生きる私たちも日常で役立てられる名言・名句
・読み下し文、意訳文、原文の順番で並んでいます
・言葉が示す意味や日常で役立てるためのヒントなど
↓
補講：読み下し文、意訳文や意味についての簡単な解説など

◆本編の並びは以下の通りです。
・1〜3時間目……私たちの日常とも関わりが深い儒教
・4〜5時間目……自分らしく生きるための参考にできる道家思想
・6時間目……現代社会を生きるヒントにもなる法家思想
・7〜8時間目……現代でも人気が高く処世術としても使える兵法

※冒頭から順序に従って読み進む必要はありません。自分で「これだ」と思う内容、気になる思想から自由に読んでください。

＊文中敬称略

イントロダクション

東洋思想の"源流"が生み出された背景
―「諸子百家」と春秋戦国時代―

「春秋戦国時代」は東洋思想の出発点！

☯ 現在まで伝わる数多くの思想が一挙に出現

　中国古代に「春秋戦国」と呼ばれる時代がある。
　この時代は数多くの思想家を産み落とし、さまざまな思想を飛躍的に発展させてくれた時代でもあった。**現在に伝わる数多くの思想・哲学が、この時期に集中して出現した**のだ。

　それは一体なぜだろう？

　この春秋戦国時代は、中国全土を束ねる確固たる支配者が実質的に不在という状況が続いていた。
　数多くの諸侯が自らの都市国家を樹立して覇権を争い、飛び抜けて優秀な指導者が現れれば、その国家が主導的に中国を率いることになる。
　その君主は「覇者」となって中国全域に号令する。そんな時代だった。

　覇者になった者もそうでない者も、周辺諸侯より優位に立とうとすれば、さまざまな戦略を練り、いろいろな方策を試す必要に迫られる。
　内政に効果的な方法、軍事的に有力な作戦。自国に最大限の利益をもたらす外交戦略……。

　政策を立案するのに有益な考え方は何か。相手を完膚なきまでに打ち負かす軍略を実現させるために必要な理論や行動には何があるか。
　効率よく国家を運営するためには統一的なルール、つまり法律も必要になってくるし、君主としての心構えや臣民たちを統べるための道徳規

範だって重要になってくるだろう。

　何をするにしても欠かせないのは入念な準備と計画だが、それを可能にするのは"頭脳"や"理論"だ。これを備えた人材は、どんな諸侯だって喉から手が出るほど欲しがった。
　こうして**理想を実現する、あるいは国家の実力を向上させるうえで、実用的な思想や哲学の必要性が高まる**のだ。
　それこそが、数多くの思想・哲学を生み出す原動力だった。

☯ 時代の要請が"思想家天国"を生み出す原動力

　こうした諸侯の要求に応えるような形で、各地に思想家が続々と登場する。ある意味、時代の流れが生んだ必然的な現象ともいえるだろう。

　彼らの武器は自らが編み出した理論のみ。それを諸侯に納得させる説得力にあふれた鮮やかな弁舌も必要になる。
　この時代は弁舌一本で立身出世が果たせる時代だったともいえる。

　相手に自分の意見が採用されれば、その諸侯が治める国で自分の立場は盤石となり、当然ながら高給取りになることも夢ではないから、たとえ貧乏暮らしを強いられていたとしても、生活は豊かになる。
　その理論が優れていると評判になれば、ヘッドハンティングされるチャンスだって生まれるし、自分の教えが優れていると全土に評判が広まれば、弟子入りを希望する者も増える。
　そして何より、思想家としての名声が高まるというのは名誉欲だって満たしてくれる。

戦乱が生んださまざまな思想「諸子百家」

🟤 飛躍的に数多い思想家たちが続々と登場

　自分が編み出した理論の出来不出来ひとつで出世もできるしお金も稼げる……。

　当時の思想家たち誰も彼もがこう考えていたわけではないが、とにかく"脳力"ひとつで、今までと異なる次元の生活ができたり名声を得られたりする。

　こうして、さまざまな思想を唱える数多くの思想家が誕生したわけだが、この時代に生まれ育った思想や思想家を総称して、現代では「諸子百家」と呼ぶのが普通だ。

「子」というのは先生というような意味で、「百」というのは厳密な意味での数を意味するのではなく「たくさん」というような意味合いだ。
　つまり、「数多くの思想家先生」というような意味で、それだけ多種多彩な思想と、それを唱える思想家が輩出されたことを示している。

　実際に私たちの目に触れる「家」は100どころか10にも満たない。しかし、当時はまさしく100というのが誇張ではないほど、さまざまな思想が世に出されていたことだろう。

🟤 ただ思想を唱えても生き残れない過酷な競争

　しかし、思想家たちは、自分の主張を世に問うと同時に、過酷な"選

抜試験"を受けることも義務付けられていた、といえる。

　自分の思想を採用してくれそうな諸侯と面会できるチャンスをどうつかみ取るか、というのも大切な"選抜試験"。

　だが、諸侯もよりよい思想を採用しようとしているから、あちらの思想こちらの思想と、可能なだけ思想家の意見を聞き、その中から自分の理想に合致する思想を選ぶ。

　就活でも、採用さえしてもらえればどんな業種のどんな会社でもいい、とは思っても、心のどこかで"意中"の企業を定めているだろう。
　その点では、今日の就活にせよ当時の諸侯たちの思想選びにせよ、私たちがショッピングなどで、より安い商品、より高品質な商品を探し出して選ぶのにも似ている。

☯ 理論の優秀性を競う「百家争鳴」

　この"選抜試験"で優位に立つために、思想家たちは別の主張を展開する思想家と、舌戦を繰り広げて勝利する必要があった。

「南からやって来たあいつ、この前、東からふらりと訪れたやつに負けたらしいぜ」
　こんなウワサが立ってしまえば、その国・諸侯に雇われる可能性はほとんどゼロになるし、周辺諸国にまで広がってしまえば、仕官活動は絶望的になってしまう。

　かといって論戦を避ければ、「勝てないと思って逃げた」と悪評が立ってしまいかねず、どちらにしても思想家として生きようと思えば、窮地に追い込まれてしまうことに変わりはない。

「百家争鳴(ひゃっかそうめい)」という言葉がある。

さまざまな議論が噴出して激論を交わすというような意味だ。「諸子百家」の中で本当に理想的で完成度が高く正しいのは自分だと信じ、思想同士が、自身の優秀性や完全性を証明するべく、ほかの思想を論破しようと、激しくぶつかり合っていた様子を表した言葉ともいえる。

思想同士がお互いに相容(あいい)れない、場合によっては真逆の思想を主張していたりして、しかも正解は数学のように明確には誰にも導き出せない。

国の立地や現在の状態などで採用したほうがいい思想は変化するし、論争は果てしなく続いて当然だった。

それでも、柔軟に運用できて誰でもどの時代でも使えそうだという、普遍(ふへん)性が高い有力な思想というものは存在する。

あるいは、特定の諸侯の考え方と見事にマッチングすれば、そのときには一大勢力に急成長することもできた。

または、その時代には振るわなくても、時間が経つにつれて評価が高まり、人々に愛されるようになった思想もある。

☯「諸子百家」の中心的な存在とは

上記のような"サバイバル"を勝ち抜き、現在、以下のラインアップが「諸子百家」に含まれる思想として広く知られている。

孔子(こうし)や孟子(もうし)が唱えた儒教(じゅきょう)思想の「儒家(じゅか)」
老子(ろうし)や荘子(そうし)が唱えた道教(どうきょう)思想の「道家(どうか)」
主に韓非子(かんぴし)が唱えた法律重視の「法家(ほうか)」
２人の孫子(そんし)を旗頭(はたがしら)とする兵法の「兵家(へいか)」

非攻(自ら進んで戦争を起こさない)で知られる墨子の「墨家」

いずれも、どんな信念を中心軸に据えるか、どんな社会の実現を理想とするか、どのような人物を理想のリーダーと考えるか、など、さまざまな視点で独自の特徴を持っている。

それらは、よりよい生きかたにも内政問題にも、外交政策にも理想の君主像や国家の姿にも、それぞれが大きく異なるイメージを提供してくれている。

だからこそ"売り込み"をされた諸侯は、自分の目指す方向性と、よりマッチングしている思想を選び出す必要があったし、思想家たちは逆に、自分たちが目指す理想を実現してくれそうな諸侯と出会い、採用してもらう必要があったのだ。

ふるいにかけられながらも残った、これらの思想から、墨子を除く4家の思想・哲学について、本書では紹介していく。

東洋思想が生まれたキッカケ……春秋時代

いつごろが春秋戦国時代だった？

ところで、先に「中国の春秋戦国時代」という言葉を使った。

その時代に少しでも詳しくなれば、「諸子百家」が生み出された背景や「百家争鳴」となった必然性などが、もっと深く理解できるはずだ。

そこで、ここからは古代中国史について、簡単に触れてみよう。

紀元前8世紀ごろから紀元前3世紀ごろまで、中国大陸は長きにわたって戦乱に包まれていた。

このうち紀元前8世紀ごろから400年あまりが「春秋時代」で、それに続く150年ほどが「戦国時代」と呼ばれる。

両者を総称して「春秋戦国時代」と呼ぶことも多い。

余談だが日本の中世、室町時代晩期を通称「戦国時代」というのは、確固たる支配者が不在で戦争に明け暮れた中国の戦国時代に似た状況、ということで流用したものだ。

つまり"元祖・戦国時代"が2300年ほど前の中国に存在していたわけだ。

春秋時代の中国の実情

春秋時代の中国は周王朝(しゅう)が治めていた。

この王朝は、先祖は王族という有力者やその子孫たちに、一定の支配権を委(ゆだ)ねてある地域を治めさせる「封建主義(ほうけん)」だった。

まずは王朝の領土というものがあり、その周辺に有力者が支配する都市国家が複数、存在する形で、その支配者は「諸侯」と総称される。
　つまり、王がいて、王に支配地域を渡された諸侯がいる、という図式だ。

　しかし、このころになると王朝の権威はすでに衰えていて、周王に一地方の支配権を委ねられているにすぎない諸侯たちが、自分の支配地においては王のように振る舞うことも可能な時代となっていた。

　「王道」による世襲や禅譲（ぜんじょう）などの平和的な手段による権力交代とは違い、実力主義で権力を強引にでも握ることを「覇道」といい、この形式で実質的に王朝を支配できるような実力者が登場する。
　これが「覇者」だ。
　彼らは衰えたとはいえいまだ影響力を残す周王の権威や名声を利用して、自分の政治的な地位を上昇させるのだ。

☯「春秋五覇」の登場

　この時代に事実上の中国大陸のトップとなった覇者は5人いる。それを「春秋五覇」と呼ぶ。

> 斉（せい）の桓公（かんこう）
> 晋（しん）の文公（ぶんこう）
> 楚（そ）の荘王（そうおう）
> 呉王夫差（ごおうふさ）
> 越王勾践（えつおうこうせん）

　5人の覇者は自らの武力や経済力、政治力など持てる能力をフルに発揮し、人材も大いに活用して実質的な中国大陸の支配者となった。

東洋思想の"源流"が生み出された背景

☯「覇者」は「会盟」開催で指導者に

　覇者となる人物は、周王の名のもとに周辺諸侯に呼びかけて諸侯連合を結成する。

　この儀式を「会盟」というが、諸侯を自分の意に沿う形で集められるほどの実力者、つまり音頭を取って会盟を実現させた人物がトップに座るのは当然の成り行きで、その人物こそが「覇者」となる。

　その意味でも、会盟を呼びかけることができるという時点で、その諸侯がすでに覇者としての資格を持っているともいえた。

　その最初の人物は斉の桓公で、後の時代に長く語り継がれる名参謀の管仲（かんちゅう）との二人三脚で、瞬く間に自国の勢力を大いに飛躍させたのだ。

☯"中国"の版図が拡大した時代

　中国史の中でも、ひと際高い人気を誇るのは『三国志』でおなじみの三国時代。2世紀末から約100年間、中国全土が大きく3つの帝国に分割され、覇を競っていた時代だ。

　その三国時代が好きな人にとって、なじみ深い言葉のひとつに「中原（ちゅうげん）」がある。

　その意味は大まかに説明すると、「中国を支配するうえで押さえておきたい重要地域」ということで、北の黄河と南の長江に挟まれた一帯のことを指す。

　ここは中国大陸の中央部に位置するから、なるほど、その重要性は直感的に理解できる。

　北方からの侵略者に対しては黄河が、南方からの侵略者に対しては長江が、自然の長大で幅広い堀のように機能するから、中原一帯は言葉を

換えれば巨大な城のようなものでもある。
　平野部が広がるから域内の陸上移動にも便利で、黄河と長江を使えば遠方への移動も随分と楽だ。

　つまり、この**中原に確固たる支配力を及ぼせれば、事実上、中国全土を掌握する支配者**ということがいえた。

　その中原が実質的には当時の中国全土だったわけだが、春秋時代も後半に差し掛かると、中国に含まれる領域が拡大した。

　それは長江流域に有力な都市国家が登場し、ついには「覇者」まで輩出したことにより、引き起こされた。

　楚は中原からは外れた長江中流域に本拠地を置く、当時の中国人の感覚からすれば「未開の土地」に生まれた「未開の国家」だった。
　ここから荘王が出るのだ。

　楚は支配領域を徐々に拡大していたが、荘王の時代に入ると長江を北に越えて中原に本拠地を構える有力な諸侯たちと境界を接するまでに勢力を増していた。

☯ 2000年前の中国で編み出された「尊王攘夷」

　実質的な権力を伴わない"お飾り"のような立場の周王を軽んじていた荘王が、やがて覇者となる。
　これにより、中原から見て「野蛮」だった長江流域と長江より南の一部地域は「中国の一部になった」のだ。

　このとき、中原一帯でブームになったスローガンが「**尊王攘夷**」だ。

「夷」は「野蛮人」「未開の土地」のような意味だから、未開地の野蛮人を打ち倒して王の権威や権力を尊ぶ、というような意味になるが、この言葉は、日本の幕末期に生み出された日本オリジナルの発想ではなく、はるか2000年以上も前の中国で"発明"されていたのだ。

　ここで訴えられたのは、
「未開の土地にある野蛮な国家であるはずの楚と、そのトップたる野蛮な荘王を排除して、周王の権威を守ろう」
　というようなものだった。

　荘王に続いて覇者に名を連ねた夫差と勾践の２人は、ともに中原からすれば、南方の未開の地に生まれた国家の君主だった。
　ここからわかるのは、諸侯同士が対立と抗争を続ける舞台が、中原一帯という狭いエリアから特に南方に向かって一挙に拡大したことだ。

「春秋五覇」のうち後半３人が、すべて南方の君主だったことを見れば、そこには"中原ＶＳ長江流域の新興南方国家"という図式が存在していたことも、わかるだろう。

　混乱と戦乱の舞台となるエリアが拡大したということは、その混乱と戦乱が、今までより大きくなることも意味する。

　周王朝の権威や権力はますます低下し、混沌とした社会情勢が、さまざまな思想や哲学が花開く下地にもなっていくといえよう。

中国統一をかけた諸侯の生き残りトーナメント……戦国時代

☯ 周王朝が地方の弱小政権に

　春秋五覇の華々しい活躍により、周王朝と周王はますます権威を失い、最後には一地方政権のようになってしまった。
　春秋時代末期は、覇者を生んだ斉、晋、楚、呉、越という有力な都市国家が中心となって、勢力抗争が繰り返される。

　やがて南方で覇を競っていた呉と越は、戦争に次ぐ戦争で国力を大いに低下させてしまう。そこを突かれて楚に吸収されてしまった。

　紀元前453年には有力国家のひとつだった晋内部で勢力争いが引き起こされた。そして韓、趙、魏に分裂する。
　この3つの新興国家は、ともに成立間もなく、周王から諸侯として認められた。

　これが周王朝の滅亡を早める判断だった。
　というのも晋の分裂騒動は、実力主義で支配権を奪い取るという「下剋上」が発端だったからだ。
　実力で支配権を強奪した事実を、周王朝が追認したようなものだから、
「周王朝だって実力がないなら滅ぼしても問題ない」
という発想を、周王朝自ら認めたも同じだからだ。

　同時期に、当時の中国では西方の辺境とされていた地域に秦、南方で

楚と対立する燕という新たな国家も誕生している。

そして、これら7つの有力国家「戦国の七雄」による中国統一をかけた覇権争いがスタートする。
それが「戦国時代」だ。

周王朝の滅亡で中国統一は最終局面に

戦国時代に入ると、諸侯たちの胸の内には周王の権威も権力も、ほとんど影を残していない。
実力さえあればいい。いわば"名より実を取る"世の中なのだから、諸侯たちは周王朝に対する遠慮がなくなっていくのだ。

七雄に名を連ねた諸国家では、次々とトップが周王朝のトップにしか認められていないはずの肩書きである**「王」を自称**するようになる。世界に1人のはずの王が増えていくのだ。

実力本位主義となった時代。その実力とはいうまでもなく武力だ。
兵器が今と比べれば未発達だった時代、**戦力の差は兵力の差**に等しいともいえた。
だから武力とは、人口と、それを養えるだけの生産力に比例する。
人口は動員できる兵力の数に直結するからだ。

養える人口を増やすにはどうすればいいか。もっとも単純な方法は、国家の面積を増やすことだ。

春秋時代まで、国家といえば城域とその周辺という都市を支配するだけにすぎないものだったが、支配力の増大とともに支配領域が拡大していくのは自然な成り行き。

戦国時代になると、各国とも支配領域が以前とは比べ物にならないほど広がり、隣国との境界を接する場所も増えていく。

　春秋時代の都市国家が地図上に点で示されていたものだとすれば、戦国時代の国家は面で示されるものに進化していた。
　それは武力の支えとなる人口を増やすことにもつながっていた。
　だから支配領域の拡大は、より強大な武力がほしい諸侯たちにとっては、成し遂げなければならない重要政策のひとつとして当然の選択でもあったのだ。

　こうして諸侯、自称・王たちの勢力が、ますます盛んになっていくと、紀元前256年には、かろうじて生き永らえていた周王朝が滅亡。
　絶対的な支配者が不在となった中国は、次の絶対的な支配者を決めるためのサバイバルトーナメントが繰り広げられるというステージに移行した。

　その後は、諸侯の中でも最後発といえる秦が次々とライバルたちを滅亡させ、紀元前221年、ついに初の中国統一を成し遂げる。
　最後の勝利者となったのは始皇帝だ。

　このとき始皇帝によって、トップの中のトップ、これまで最上位だった王より上の存在、これ以上にない最高権力者という意味で、「皇帝」という言葉が生み出された。
　この肩書きを名乗った人物が有名な始皇帝だ。
　この名前は、皇帝が治める統一中国の「始」まり、その最初の皇帝が自分なのだという自負心が表れたものだった。

東洋思想の"源流"が生み出された背景

「諸子百家」と「春秋戦国時代」
……お互いが必要不可欠だった関係性

☯ 戦乱の世だから必要だった新思想

　自分の頭脳に自信を持つ者、理論一つで成り上がりたい者……。
　バックボーンや思惑はさまざまだが、世の中が乱れているからこそ、周囲に対して優位を占められる確かな理論が、特に指導者サイドから必要とされた。
　その時代に沿うように多種多様な思想が、どうしても欠かせない時代だったのだ。

　そこには、世の中が戦乱に明け暮れる「実力主義」の社会になっていたことも、大きく影響している。
　春秋五覇の登場以降、春秋戦国時代は、言い換えれば何かしらの他に**抜きん出た力を持つ者が勝利者となれる時代**だった。

　それは諸侯たちに限ったことではない。

　諸侯が自らの勢力を伸ばそうと思えば有能な家臣が必要だった。有能な家臣はどうすれば効率よく集められるか。実力本位の登用をするのが手っ取り早い手段だ。

　これと同じ論法で、国家運営に有益な理論を探そうとすれば、身分や経歴などによらず、より優れた理論を唱える者を自分が雇えばいい。
　そこに思想家たちが熱心に就職活動に励む余地が生まれた。
　今までにない**斬新で優れた理論を思いつけば、誰でも"大先生"**に

なれるチャンスがあったのだ。

不安定な時代を生き抜く"知恵"の必要性

　世の中が乱れているということは、庶民も不安定な人生を否応(いやおう)なく送らなければならないことを強いられたということだ。
　そうなれば当然、何かしらの"心のよりどころ"を欲しいと思うのも自然なことだ。

　だから、より平穏な気持ちで日々を過ごせるような心構えや、トラブルに巻き込まれた場合の対処法など、諸侯に限らず庶民の側でも新しい思想を必要としていた側面がある。

　例えば孔子のように、どちらかというと権力者より庶民へのウケがいい思想家もいたわけで、思想家の側も、権力者に取り入ることができればいいが、そればかりを目指すのではなく、庶民に向けて啓蒙(けいもう)するという理想を持つ者も少なくなかったわけだ。

　もっといえば、支配者層にも被支配者層にも受け入れてもらえる思想こそが"模範解答"なのだから。

　こうした戦乱の時代に東洋思想は一気に開花したのだった。

諸子百家　関連年表

時代区分	年代(紀元前)	「諸子」が生きた年代	主な出来事(年)
春秋	610		**「春秋五覇」の時代**
春秋	600		
春秋	590	④老子?	
春秋	580		楚の荘王、3人目の覇者となる(579)
春秋	570		
春秋	560	①孔子	
春秋	550		孔子生まれる(551)
春秋	540		
春秋	530		
春秋	520		
春秋	510	⑦孫武?	
春秋	500		呉王・闔閭が死去。孫武が第一線から退く(496)
春秋	490		呉王・夫差、4人目の覇者となる(494)
春秋	480		孔子、13年に及ぶ亡命生活を終える(484)
春秋	470		越王・勾践、「五覇」最後の覇者となる(473)
春秋	460	墨子?	呉子が仕えた魏の文候が即位(455)
春秋	450		晋が韓・趙・魏に分裂(453)
春秋	440		呉子生まれる(440)
春秋	430		
春秋	420	⑧呉子	
春秋	410		
春秋	400		周王朝が韓・趙・魏を諸侯に認める(403)
戦国	390		
戦国	380		**「戦国の七雄」の時代**
戦国	370	⑦孫臏?	孟子生まれる(372)
戦国	360		『孟子』に登場する魏の恵王が即位(369)
戦国	350	⑤荘子?	秦の孝公が商鞅を登用して改革(変法)に着手(359)
戦国	340	②孟子	秦に対して6カ国が合従策で同盟(333)
戦国	330		秦が6カ国と個別に同盟を結ぶ連衡策で(328)
戦国	320	⑧尉繚子?	荀子生まれる(320)
戦国	310		
戦国	300	③荀子	
戦国	290		
戦国	280		韓非子生まれる(280)
戦国	270		
戦国	260	⑥韓非子	
戦国	250		周王朝(東周)の滅亡(256)
戦国	240		秦王・政(後の始皇帝)即位(247)
戦国	230		
戦国	220		秦の始皇帝が中国全土を統一(221)
秦	210		始皇帝が死去(210)

※人物名の下にある「?」は生没年が不詳という意味

1時間目

孔子に学ぶ「論語」の教え

『論語』と「儒教」についての基礎知識

『論語』って、どんな書物？

『論語』は「儒教」の開祖ともいえる孔子の教えを集大成した書物。

全20篇から成り、今日では各篇を区別するため、基本的に冒頭の2文字を篇名として冠することが一般的だ。

学而第一
為政第二
八佾第三
里仁第四
公冶長第五
雍也第六
述而第七
泰伯第八
子罕第九
郷党第十
先進第十一
顔淵第十二
子路第十三
憲問第十四
衛霊公第十五
季氏第十六
陽貨第十七
微子第十八
子張第十九
堯曰第二十

思考と行動の理想を示した「仁」

各篇が何かのテーマに沿ってまとめられているわけではないものの、全篇を貫いているのは孔子の思想的な中核といえる「仁」の思想だ。

抽象的な概念なので、ひと言で説明するのは難しいが、「仁」とは、要約すれば次のような心のありかたと行動を理想に掲げたものだった。

- 自分も他人も同じように心の底から愛する
- 物事も人物も正しく健全に育てる
- 他者の利益を考え、全体の調和を重んじる
- 自分をしっかり確立したうえで周囲との調和を実現する
- 何かを得たいなら先に苦労をする

『論語』の著者は孔子ではない

『論語』に書かれていることは、孔子の言葉をベースとしている。

しかし、著者は孔子ではない。

彼の死後、その弟子たちが師匠の教えを後世に残すべく、思い出の中にある孔子の言動を書き記したものだからだ。

しかし、当時は何かを集大成した書物を編むというのは、現在以上に大変な時間と手間がかかることだった。

そのため、孔子に直接、教えを受けた直弟子のみならず、孫弟子なども含めて世代をまたいで編纂されたようだ。

だから、いい出した者が誰なのか、中心となった編者が誰なのか。そういった基本的な情報についても諸説ある。

『論語』の完成に大きく寄与した人物について、儒教が"公認"された

中国の漢帝国の時代に入って以降、いろいろな研究者が自説を発表してきている。

日本でも、江戸時代に生きた儒学者の荻生徂徠は、弟子のアイデアにもとづいて、本文中に本名が出てきている2人、琴張と原思が中心人物だった、という説を著している。

☯ 弟子たちによる先生の発言の備忘録

弟子たちが師匠の言動を追憶した内容だから、基本的に、
「先生はこういいました」
「かつて先生はこんな発言をしたそうです」
「誰かに質問されたときの先生の答えはこうでした」
「先生に質問したら、こんな答えが返ってきました」
というフォーマットで書き進められている項目が多い。

古代ギリシャの哲学者ソクラテスの「対話法」のように、**誰かとの会話という体裁が軸**となって書き進められているのだ。

成立年代も、「この年に完成しました」というような明確な記録はないため、およそ孔子の死後100年が経ったころ、という感じでハッキリとはしていない。

☯ 『論語』は反体制のシンボル!?

孔子の思想は、封建主義と実力本位主義が行き届いていた時代にあっては、"異端""危険思想"と警戒されるような内容だった。
なかでも当時の人々（特に知識人階級や支配者層）から「孔子の考えや行動はおかしい」とみなされた代表例としては、"**身分によらず弟子**

を取る"ところにあった。

　洋の東西を問わず、知識や学問というのは基本的に、特権階級が独占するものという歴史が長かった。
　というのも、奴隷や庶民といった、自分たちが支配する階級が学問を通じて知恵を持ってしまうと、反乱を起こされたりして都合がよろしくない。特権階級の頭に、そんな考えが根づいていたからだ。

　知識があれば当然と思えるような現象も、知らなければマジックやイリュージョンのように見える。

　例えば「雨が降る」という自然現象。
　私たちは知識として雨が降るまでのメカニズムを知っているし、予報で降雨時期を事前に知ることもできる。
　それは私たちにとって不思議でも何でもないが、昔は雨が降ることを予言できれば、それだけで人々が畏れ敬う対象になり得た。

　仕組みを理解してしまえば、
「な〜んだ。そんな簡単なことか」
となってしまうことでも、その仕組みを知る機会を与えなければ、いつまでも知る側は圧倒的な優位性を保つことができる。

　というわけで、**誰にでも分け隔てなく知識を授けよう**という孔子の姿勢は、当時としては理解不能なことだったのだ。

　孔子の理想は「仁」にもとづく、より高度に完成された人格の形成だ。
　しかし、それを実現するためには、戦乱が続く世の中を、人々の発想もシステムも大々的に変革する必要がある。

となれば、諸侯たちの政策も思想も行動も、否定しているに等しい、ともいえた。

☯ 中国人の脳裏に記憶された「焚書坑儒」

　すでに思想の提唱者である孔子は没していたが、始皇帝は、『論語』に書かれた内容を**反体制的な危険思想**として、徹底的に弾圧した。

　始皇帝は、行政システムを整備して中央政府が地方をコントロールするという「中央集権体制」を採用した。
　その厳格な運用のため、重視したのは感情に左右されない法律だった。
　逆に孔子は、そうしたシステム以前に、「仁」に見られるように、人間の「情」を重視した政治システムが最上だとしていた。

　そこで始皇帝は、『論語』に限らず孔子の教えにもとづいていると思われる書物を「危険本」として、徹底的に焼き払った。これが「焚書」だ。

　また、『論語』を根本とした「儒教」という、孔子の教えを広めている儒家たちも徹底的に弾圧。
　そうと疑われる人物を、法律にもとづいて「反乱者」として次々と逮捕し、穴を掘って生き埋めにしてしまった。これが「坑儒」だ。

　孔子が目指す理想の政治とは、周王朝の初期の姿。
　一方で始皇帝が目指したのは、時代に即した新システムの構築で、そこで旧来の政治システムを完全に否定している。そのことが功を奏して、始皇帝は中国を統一できたわけだ。
　ここで孔子の思想は、完全に「反体制」となってしまったのだ。

☯ 中国の「国教」でもあった儒教

　時は流れて、中国は再び分裂し、漢（前漢）王朝を興す「漢の高祖」劉邦が登場する。

　劉邦は抜群に強い軍隊を率いて中国統一への道を突き進んでいた。
　しかし、ライバルの項羽と違い、彼の軍隊は、いうなれば"ならず者"の集団。素行不良は目に余るものがあった。

　劉邦自身、堅苦しいイメージがある儒教は苦手。というより、どうしても好きになれないものと認識していた。
　しかし、劉邦の配下にも儒者がいて、彼は劉邦の心境を踏まえて、さりげなく儒教を売り込んでいた。

　儒教では、礼儀を重んじる一面もある。
　孔子の死後、時間とともに儀礼を重要視する姿勢は強まっていた。
　劉邦は、その儀礼を重んじるという側面を自分の軍隊に導入することで、ならず者たちの素行を少しでも改善しようとしたのだ。

　この試みは成果を上げ、劉邦の儒教に対する認識も少しは変化した。
　それでも政権内でメインストリームに躍り出ることはなかったのだが、漢王朝の最盛期を現出した７代目皇帝・武帝の時代に、画期的なエポックが起きるのだ。

　武帝の家臣の一人が、次のように言った。
「かつて孔子が、将来世に表れる理想の君主と、その人物が興す理想の王朝としていたものが現実になったのが、高祖と漢王朝です」

　繁栄を極める一方で、さまざまな矛盾に悩まされ、大々的な政治改

革の必要性を考えていた武帝にとって、このひと言は、大きな自信を与えてくれるものだった。

　やがて学問好きな10代皇帝・成帝(せいてい)の登場で儒教の地位は、さらに向上する。
　成帝は焚書で焼かれず残されていた儒教の書籍も含め、過去の書籍を可能な限り収集して整理するという大事業を進めた。

　これを成功に導いたのが儒学者だったのだ。
　おかげで、収集整理された書籍を収める国立の大学で、中心的に学ぶのは儒教、ということになった。

　さらに時は流れ……。
　後漢(ごかん)王朝の初代皇帝となった光武帝(こうぶてい)。
　彼は「儒教の聖人」を自称して国を乱し、前漢を滅亡に追いやった王莽(おう・もう)によって貶(おとし)められた儒教の復興に力を注いだ人物でもあった。
　そして儒教が政治利用されないよう、政治哲学という側面を切り離し、**道徳哲学の学問として再スタート**させるのだ。

　ここで帝国の思想的な柱としての儒教が成立する。いわば漢王朝の「国教」のような存在になったのだ。

日本とも関係が深い『論語』

儒教の影響を強く受けていた聖徳太子

　成年に達した日本人なら、『論語』にどんなことが書かれているのかはよく知らなくても、書名だけなら知っている、という人が多いことだろう。

　同様に、『論語』とその事実上の著者とされる孔子の関係を知らなくても、その生涯をよく知らなくても、孔子の名前は知っている、という人がほとんどのはずだ。

　このように日本で広く知られている『論語』と孔子。実際、日本の歴史とも深い関わりを持ってきた。

　日本の古代に、外国から流入してきた思想・哲学として、よく知られているのは仏教だ。

　古代の政治家で天皇家の一族でもあった「聖徳太子」こと厩戸皇子（うまやどのみこ）は、仏教を積極的に導入する「崇仏派（すうぶつ）」だったとされているが、その皇子が立案したと伝えられている日本最初の成文法「十七条憲法」では、

和を以て貴しと為す（もっ・たっと・な）

という有名な一文が第一条に掲げられていた。

　これは、仏教というより儒教の性質が色濃く反映したものといえる。というのも、『論語』が一貫して唱える「仁」の発想にほかならないから

だ。

　日本への仏教の伝来は6世紀（583年）とされているが、それより早く、儒教も日本に渡ってきていた。
　実に孔子が生きた時代から1100年近く後のことになる。

『日本書紀』の記述を信じるなら、継体天皇が在位していた513年、儒教の基本テキストとされている「五経」が、朝鮮半島経由で日本にもたらされたからだ。
　厩戸皇子が生きた時代は、これより1世紀近くも後のことだった。
　初の伝来後も、数回にわたって「五経」は日本にもたらされていたようだ。

「五経」とは、『易経』『書経』『詩経』『春秋』『礼記』の5つの書物の総称で、このうち『春秋』は、先に登場した劉邦が儒教を受け入れるキッカケとして用いられた書物だ。

　話を戻すと、厩戸皇子が制定したとされる「冠位十二階」も、仏教より儒教の影響が強く反映している。冠位は上から「徳・仁・礼・信・義・智」と続き、それぞれが大と小に分割されて成り立っていたが、ここで掲げられた冠名は、すべて儒教が掲げる徳目の名前になっている。

☯ 江戸時代の幕府公認哲学は儒教

　儒教は漢帝国の滅亡後も、中国で着々と発展をしていたが、やがて理論の体系化も進められるようになっていた。
　11世紀に入ると、南宋王朝の儒学者・朱熹が、長く引き継がれてきた儒教理論を体系化するという作業を集大成する。
　彼によって新たな生命を授けられた新時代の儒教、それが「朱子学」

だった。

　日本にも室町時代には紹介されていたが、それを本格的に研究対象としたのは藤原惺窩だった。
　その弟子に林羅山がいた。
　彼は師匠の研究を引き継ぎ、やがて儒学者というより朱子学者として第一人者とされるほどの立場を得た。

　羅山が提唱する朱子学は、封建社会に正当性を与える学問として成長していた。
　羅山が腐敗した仏教勢力の政治への影響力を排除し、朱子学を現代の流れにマッチした学問へと、巧みに再構築したからだ。

　そこでは、身分などの上下関係は永遠不変のもので、保たれるべき秩序とされ、目上の者に対する「忠義心」や「孝徳心」などが重んじられていた。
　「君臣の道」に代表される、絶対的な身分関係にもとづく支配を進めようという江戸幕府初代将軍の徳川家康にとって、この思想は魅力的に映った。

　家康は、羅山を「大学頭」に任じ、朱子学は幕府公認の学問になった。湯島聖堂や昌平坂学問所といった幕府官営の学問所で教えられたのは朱子学だ。

　江戸時代後期、「寛政の改革」を主導した老中・松平定信は、その政策の中で「寛政異学の禁」を施行した。

　簡単に説明すれば、
「朱子学以外の儒教は異端として禁じる」

という内容。

すでに儒教以外の学問は幕府非公認ということで勢いを失っていたが、幕府権威を維持するため、その正当性を支持する朱子学以外の儒教をも排斥(はいせき)したわけだ。

江戸時代中期以降、全国の各藩も「藩校」を設立して教育の振興に力を注いだが、多くの藩校では儒教＝朱子学が必修科目だった。

☯ 最近も儒教の影響を受けている日本社会

江戸時代に全国的に広まった儒教の教えは、つい最近まで日本人の心に大きな影響を及ぼしていた。

そもそも戦前日本の教育方針、その基本を定めた**「教育勅語(きょういくちょくご)」**は、**"家では父母に対して親孝行に励もう"**
などに見られるように、儒教的な思想が色濃く出ていた。これは、ほとんどそのままという感じで『論語』の「学而第一」に掲載されている文言でもあるのだ。

こうした教育が反映されたものとして、一家の大黒柱たる父親＝夫を家庭における絶対的な存在とした「家父長(かふちょう)制度」などは、その最たる例だろう。

この考えは日本の敗戦後にいたるまで、人として守るべき当たり前のこととして、日本人の心に深く浸透していたものだった。

☯ 現代日本に息づく『論語』による経営

後述するように明治時代を代表するする実業家の渋沢栄一(しぶさわえいいち)は、『論語』にビジネス理念の範を採った。その渋沢から直接的に影響を受ける受け

ないにかかわらず、現在も日本の実業家やトップクラスのビジネスマンの中には、『論語』を愛読書に掲げる人が多い。

　彼らは今後の事業展開に悩むことがあれば『論語』を再読し、自分本位な儲け主義に走りそうになると『論語』を開いて自戒する。

『論語』との直接的な接点こそ見受けられないものの、いかにも『論語』的な発想で経営していた人物として、現パナソニックの創業者・**松下幸之助**を挙げることができるだろう。

　松下の経営理念は「**共存共栄**」にあった。「**他者利益**」について常に考える経営方針だった。

　だから、世界恐慌の影響で大不況に見舞われ、モノが売れずにリストラをしなければ経営が成り立たなくなる、という危機に接したとき、松下は、首切りをせずに苦境を乗り越えるという"離れ業"をやってのけた。

　リストラによる雇用調整をしない代わりに、生産量を半分にして、労働者1人当たりの勤務時間も半分に短縮する。
　給料は半減せず据え置きにするが、全社一丸となって在庫を売りさばくことに力を入れる。

　このような方針を打ち出し、見事に不良在庫を一掃して業績を上向かせたのだ。

　松下は、業績向上による社業拡大のために採用した人員を、一時的な会社の事情で解雇するのは、結局は会社の利益にはならない。そう考えていた。経営に最も必要な会社への信用を失う、と思ったのだ。

結果論になるが、その信用を失わずに済んだ最大の理由。それは『論語』が示すような人間として必要な徳目を、松下が自身の経験を通じて無意識のうちに体得していたからであろう。

『論語と算盤(そろばん)』
……渋沢栄一にとっての"儒教"

☯ 明治時代きっての実業家が著した『論語と算盤』

　日本で最初に設立された近代的な銀行は、1873年に設立された「第一国立銀行」だ。

　その初代頭取は、現在も数多く存在する有名企業を次々と立ち上げた、明治時代きっての実業家・渋沢栄一。

　その渋沢が著した書物のひとつが、『論語と算盤(そろばん)』だ。

　渋沢は、儲け第一主義のような経済活動を疎(うと)んじていた。社会に貢献できなければ企業ではないし、自分さえよければそれでいいという姿勢での経済活動を完全に否定してもいた。

「経済活動は道徳的であるべきだ」
　こう考える渋沢が、経済活動のベースとなる道徳観念として引っ張り出してきたのが『論語』だったのだ。

　最大限の利益のみを追求すれば、その経済活動は自然と道徳的な行為から外れていく。現在でも、他者の利益を考えていないな、と思わせる経済活動をする社長や企業は、目にする機会もあるだろう。

　ところが、本当に最大限の利益を追求するなら、それは他者の利益も考えたものでなければならない、と渋沢は考えた。
　自分だけが繁栄すればそれでいい、という姿勢で周囲を蹴落とし続け

れば、やがて蹴落とすべき対象がいなくなり、繁栄の道は転落の道へと一気に変化してしまう。

　もっと単純に考えれば、消費者の利益を考えない価格設定や、労働者の利益を無視する雇用条件などは、遅かれ早かれ会社の首を絞める結果を生み出す。
　誰にも買ってもらえない、誰も働いてくれない、という事態となれば、その企業も社長も、経済活動を続けられるはずはなく、利益を追求しようにも、逆に損失ばかりがかさむことになるからだ。

　そうならないために、商才を磨くテキストとしてうってつけと渋沢が選んだものこそが、『論語』だったのだ。

渋沢栄一の主張「士魂商才」とは

　それでは、ここから渋沢栄一の『論語と算盤』の世界を少しのぞいてみよう。そのタイトルからは、「ビジネス活動に儒教精神を取り入れよう」「儒教的精神と経済活動の共通点を見出そう」のような意味に取れるが、そうではない。

　冒頭で、菅原道真（すがわらのみちざね）の「和魂漢才（わこんかんさい）」に対する「士魂商才（しこんしょうさい）」という渋沢による造語に関する解説から入っている『論語と算盤』。

　「和魂漢才」は、日本人の心をベースにしつつ、政治や文化などさまざまな側面で一日の長がある中国の文物を吸収し才芸を養う、という意味だと説明したうえで、自らが提唱する言葉について、次のように語る。

　「日本が中国から取り入れてきた文物は『論語』が中心で、孔子に源を求めることができる。道真もそうだった。

これと同じく"士魂商才"も、武士道をベースに置くが、"士魂"にだけ頼った経済活動は自滅を招くので"商才"も必要となる。
　その"士魂"を養うには『論語』がベースとなっているが、"商才"もまた、『論語』によって養うことができる。

"商才"は道徳と無関係ではなく、逆にそれをベースとしたものだから、道徳から離れた欺瞞（ぎまん）や軽佻（けいちょう）などによる"商才"は、単なる小利口であって本当の"商才"ではない」

☯ ビジネスに道徳を！

　渋沢が武士道＝「士魂」の根源に儒教があるとしたのは、江戸時代に、幕府公認の学問として儒教の一派である「朱子学」があったことを指しているのだろう。
　ただし、支配統制を確実にするための装置としての学問だったため、現実社会に即応（そくおう）できる「実学」としての効果は薄かった。
　逆に商人は武士階級のような道徳教育を受けていない。

　渋沢は、武士階級も商人たちも同様に、江戸時代にあっては受けた教育内容に不備があったと見ているわけだ。
　そこで不足を補って真の「実学」とし、「ビジネス活動のベースに儒教精神があるべき」と説くために『論語と算盤』を執筆したともいえる。

　渋沢は次のような主張を展開する。

「世界を動かす人物として完全な存在になりたいなら、カネに対する覚悟が必要だ」
「金銭が万能と錯覚（さっかく）して精神上の問題を忘れると、物質の奴隷になりや

すい」
「個人の富は国家の富。国を豊かにして自分も栄達しようと思えばこそ勉学に励むことができる」
「商業道徳の骨髄であり影響力も甚大なものは信用力」
「武士道は実業道」

　こうしてビジネスマンとして必要な資質などについての主張を、『論語』から文言を引いて説明するのだ。

『論語』が説く「儒教」の中身とは

☯ 大切なのは思いやりの心

　すでに触れたように、『論語』によって孔子が示した思想の中核は「仁」というものだ。
　人間としてより善い豊かな人生を生きるための基本方針ともいえ、それを実現するためには周囲との"正しい"付き合いかたが前提となる。簡単にいえば"思いやりの心が大切"ということだ。

　そこで「仁」を体現するために必要な心構えや手法として孔子は「礼」を挙げている。

　思いやりの心を持ち、それを実践するためには、相手の立場に立つ、ということが不可欠だ。
　相手ならこう考えるだろう、もしこんなことをすれば相手はどう感じるだろう……。そうした"想像力"を働かせる。
　そうすれば、相手の利益も考えることができる。

☯ 思いやりの心を具体的な形で示した「礼」

　その心構えを実際に形にしようとするとき、重要なのが「礼」だ。
　現在も、周囲との接しかたの基本マナーとして「礼儀」という言葉が使われるが、マナーというのは周囲を気遣う心の表れでもある。
　本来、決して形式だけにとらわれた、心がないものではないのだ。

　極論すれば、孔子が示した「礼」を、**万人向けにわかりやすく形式化**

したものが「儀礼」で、例えば敬語にせよ、相手の心や立場を思いやっているという姿勢を示すためのツールという側面もあるわけだ。

「虚礼廃止」ということで、過度に画一化されたセレモニーの類は、日本から消えつつある。
　一方で、年賀状にしてもお中元やお歳暮にしても、あるいは電話での応対マニュアルにしても、その根底に「礼」が潜んでいるケースは、枚挙にいとまがない。

　ただ"時代遅れ"として儀礼的なものを片っ端から排除するのではなく、その隠された意図や意味を見直すことで、まだまだ活用できるようなしきたりなども、けっこう多いのではないだろうか。

重要なスタート地点としての「学」

「仁」を実現するための「礼」が必要だとわかっても、それを身につけるためにどうすればいいのか。
　孔子の結論は単純だ。

とにかく学ぶこと。

　学びを通じて気づきを得るチャンスも増えるし、他人がどう感じるかという想像力も育まれる。
　こういう場合にはこう対処するのがベターかな、という判断材料が増えて、判断の正確性もアップする。
　そもそも、「仁」とは何か、「礼」とは何か、といったことも、学ばなければ身につかない。

人は学びによって生まれ変われる。

孔子は自らの体験を通じて、こんな確信に近い哲学を持っていた。だから「学{がく}」の重要性を、誰よりも認識していたといえる。

　この「学」を通じて得た知識を、今度は自分で消化・吸収し、自らの血肉に替えていくことも欠かせない。
　それが孔子のいうところの「思{し}」にあたる。

「学」を応用可能な形に変える「思」

「学」だけでは、ただ知見を増やしたというだけで、それを実生活で応用しようという場合に、役立つものとはなりにくい。
　だから自分の脳内で整理して、自分の考えとして取り込む必要があるのだ。

　もちろん、得られた知見を100パーセント使い切ろう、などと考える必要はない。自分にとって必要なものを取捨選択するのはかまわないし、自分の体験に基づいて独自の解釈をすることだって問題ない。

　言葉にすると難しいことのように感じるが、実際は、ほぼすべての人間が日常的に、この作業を繰り返しているはずだ。

　例えば買い物に出かけたとしよう。
　食料品売り場に、先日購入して美味しいと感じた食品があったとする。
　おそらく多くの人は、また食べたいと思って購入するだろう。
　その食品の価格が1000円だったとする。
「この前は1200円だったから、今日はお買い得だな」
　そんなことを考えたりもするだろう。

この「美味しいと感じた」「1200円」などは、「学」によって得た知見で、「また食べたい」「お買い得」などという判断は、知見を自分で処理するという「思」の末に、導き出された結論だ。

　美味しいと感じたりしていなければ、それ以前に購入した経験がなければ、その食品を見ても何も感じなかっただろうし、「また食べたい」「お買い得」などという心情や感想が出るはずもなかったはずだ。

　これらの過程を経て、**自分の中に蓄積されていくものが**"知恵"であり、その集積されたものこそが「智」といえる。

☯ やがて「忠」と「信」も育まれるように

　こうして「学」や「思」を通じて「礼」が身につき、「仁」が自分の中で育まれていくと、もっと大きな、社会を相手にした場合の心のありようというものも大切になってくる。

　そこで孔子が唱えるのは、個人相手ではなく社会全体を相手にしたときの思いやり、「忠」の必要性だ。

　簡単に記せば、
「社会に対して真心で向き合い、裏切らないこと」
ということになるが、これを通じて社会から自分に対して向けられる心が「信」となる。

　もちろん、自分から周囲に向けても「信」を持っていなければ、「礼」を尽くそうという気持ちも生まれないだろうから、「信」は前提として双方向性の性質を持っているともいえる。

人間社会は、どんな関係性であれ立場や状況であれ、信頼関係がなければ成り立たない。この信頼関係が「信」といえるだろう。
　私たちが物品を購入するのは、その物品の品質を信頼しているからだし、その製造元が真面目に活動していると信頼しているからだ。

　誰かに何かをお願いをするとき、その相手を選ぶのは信頼しているからにほかならないし、私たちがどこかに就職して仕事をするのは、きちんと給料を払ってくれると信頼しているからだ。
　逆に雇用者側も、給料に見合う労働力を提供してくれるはずだと信頼するから雇っている。
　その信頼を裏切らないことこそが「忠」なのだ。

　裏切らないということは、相手の思いを受け止めて、相手の立場を思いやっているから可能な発想で、そう考えると**「忠」と「信」はお互いに表裏一体の関係にある**、ともいえる。
　こういった思想や感情、それに行動を総称したものが**「義」**ということもいえそうだ。

孔子に学ぶ「論語」の教え

孔子についての基礎知識

孔子の生涯

孔子こと**孔丘 仲尼**(こうきゅうちゅうじ)が生きた時代は春秋時代の後期。

紀元前551年、魯という国の生まれだとされている。『史記』によれば婚外子で、生後間もなく実父は他界している。

また、生母とも孔子の青年期に死別している。

若いうちから魯の王宮に仕えたが、出自がハッキリしないか下級貴族の出身ということもあり、能力より"血脈"が重視された当時にあって、同僚からは冷ややかな目で見られたようだ。

実際、両親を失っている孔子は決して経済的にも恵まれているとはいえなかった。だから学問によってしか身を立てることはできないという境地(きょうち)に、早くから達していたとしても不思議ではない。

同時に、**特権階級の端くれではありながら庶民、下層階級の生活を実体験できる**という環境に置かれていたわけだ。

血縁によらない能力本位による人物評価、そのための人格形成に重きを置く姿勢は、こういった環境が大きく影響していたといえよう。

30歳ごろに政争に巻き込まれて隣国の斉(せい)に亡命。その12年後に帰国するが、このころには弟子たちを集めて塾のようなものを開いている。

故郷で再び政治家としての人生を歩んでいた孔子。

ところが政争に再び敗れたため、**56歳で２度目の亡命生活を送る**羽

目になった。

　数人の弟子を従えて各国を放浪。

　仕官の機会をうかがうこともあったが、結局はどの国でもまともに仕官できたとはいえず、70歳の晩年に差し掛かっていた孔子は政治的な野望を捨て去って、もう一度、故国の地を踏む。

　それから数年は政治と完全に切り離された生活を送る。
そして73歳で世を去ったといわれている。

☯ 孔子の主な弟子たち

　孔子が亡命生活を送るとき、孔子を慕い、彼と行動を共にしたいと願う弟子が数多く集まった。その数は72人ともいわれるが、『論語』に名前が出てくるのは20人ほどだ。

　最年長の弟子だった子路は孔子より10歳ほど年下。もともとは、ならず者で、孔子と出会った当初は反目していたものの、やがて孔子の思想に共鳴し、長く側近ナンバーワンとして孔子から離れなかった人物だ。
だから孔子の2度の亡命生活いずれにも供をしている。

　もちろん、『論語』への登場回数もトップクラスだ。

　最年少の顔回は、その才能に孔子がもっとも期待を寄せた人物。当時は20歳そこそこの若さだったから、孔子とは親子というより祖父と孫に近い年齢差があった。

　天才肌の人物で、仲間内からも「1を聞いて10を知るタイプ」だと認識されていた。だから孔子の言葉を的確に理解する能力ではピカイチといってよかった。

　ところが30歳ごろに亡くなってしまう。その死を孔子も惜しんだ。

顔回と同世代で、弟子の中でも弁舌の巧みさで際立った才能を発揮したのが**子貢**だ。彼も『論語』登場回数でトップクラスを誇る。
　孔子の死を看取った弟子であり、師匠の喪に３年間服した。その後は商人に転身し、巨万の富を築き上げている。
　また、"師匠を上回る逸材"との評判も立っていた子貢。だから彼が領土に立ち寄った際には、諸侯たちの誰もが彼を厚遇したともいわれている。

　ほかにも、孔子から「愚鈍で道理の理解が遅い」と評されながらも、その実、孔子の言葉に秘められた真意を読み解く能力に長けていた**曽子**。

　自他ともに認める実務型の人間で、「小さい国なら治められる」と公言、実際に孔子から地方長官に推薦されて期待に違わぬ働きを見せた**冉求**。

　公西華は、特に「礼」に関するジャンルに長けた人物で、自分を"師匠のようにはなれない"と評価する現実的な人間でもあった。

　これ以外にも、ストイックに孔子の思想を実践しようと努めた弟子がいたり、師匠の教えを「形から入る」ことで身につけようとする人物、思想によって身を立てようという出世欲を持たない人間など、多彩な弟子が孔子の周りを囲っていたのだった。

> **其れ恕か。己の欲せざる所は、人に施すなかれ。**
>
> それは他人の心を慮ることで自分を知る、ということだ。自分がされたくないことは、他人にもしないことだ。
>
> 　　　　　　　　　　　　其恕乎。己所不欲、勿施於人。

☯「仁」を体得するために必要な心がけ①

　孔子が高弟の子貢に、
「生涯守るべき心構えを、ひと言で示せば何ですか」
　と質問されたときの答えがこの文言だ。
『論語』の思想を実践する方法を、わかりやすく説明してくれている名文句といってもいい。

　「恕」は、「仁」の具体的な実践例のひとつ、といってもいい。
他人の心を汲み取れる思いやりの心。これを持ち続けていれば、自分自身のことも一段と深く理解できる。

　他人の心境が計り知れるなら、されたくないだろうことも予測できる。それ以前に多くの場合、自分がされたくないことは、他人もされたくないに決まっている。

　それを応用すれば、「あの人はこういうことをしてあげると喜ぶかな」「こういうことをしてほしいと望んでいるだろうから、先に手を回しておこう」などの機転が利いた行動も取りやすくなる。

自分の気持ちなどを他人の立場に置き換える、あるいはその逆を試してみる。それだけでも思いやりの心は育まれるのだ。

　他人の心境を推測して対応する、というのは、誰もが日常的にしているだろうし、それがなければ円滑（えんかつ）なコミュニケーションは成立しづらい。特に営業などの職種についていれば、クライアントの意向や胸中を察しながら話を進めていく、というのは前提だろう。
　とはいえ、恒常（こうじょう）的に、となると疑問符がつく、という人のほうが多いのではないだろうか。

　他人への思いやり……。人間関係を円満に築くうえで本当にベーシックな事柄といえるのだが、それを恒常的に意識せずともできるようになる、というのが「恕（じょ）」といえる。

> # 人の己を知らざるを患えず、人を知らざるを患えよ。
>
> 他人が自分を認めてくれないと気をもむのではなく、自分が他人を認めていないことを問題としなさい。
>
> 不患人之不己知、患不知人也。

「仁」を体得するために必要な心がけ②

「学而第一」のラストを飾るのが、この言葉。

前項で紹介した「恕」と同じく、思いやりの心を持つとはどういうことかを、わかりやすく示した文言ではないだろうか。

私たちは、「認めてもらえない」自分の境遇に苛立つことが、往々にしてある。

「上司が自分の業績を認めてくれないから昇進できない」とか、「監督が自分のスキルを認めてくれないからレギュラーになれない」とか、その類の不満は、そこかしこに転がっている。

ここで「孔子」は、そんな自分本位のモノの見方を否定するのだ。
それは、
「相手はどのように考えているのか」
「相手の意図は何なのか」
を洞察しようという示唆も含んだものだ。
その意味では、思いやりの心にも通じる。

「認めてもらえない」ではなく、「相手はこう思っているから認めない」

と考えを進めれば、それは、
「認めてもらうために必要なことは何か」
「何が不足しているか」
と自省するキッカケにもなる。

　人に認められていないと不満が生じたら、まず自分の胸に手を当てて反省を試みる。認めてもらえない何かを抱えている自分を自覚して、その理由を追求しようという姿勢を持つことの重要性を説いている。

　そうすれば、「"自分を認めない"という相手を認めていない自分」にたどり着くことになり、これが「恕」につながっていくということだ。

> ## 力足らざる者は、中道にして廃す。今なんじは画れり。
>
> 力量が不足しているならば、道半ばで倒れてしまう。今の君は（力量が不足しているのではなく）、自分から力量の限界だと思い込んでいる。
>
> 力不足者、中道而廃。今女画。

諦めたらそこで終わり！

　これは高弟の冉求から、
「先生の理論が理解できないわけではないが、どうしても実践で近づくことができない」
と"愚痴"をこぼされたときの孔子の答えだ。

　力量は十分のはずなのに、自分で勝手に「ここが限界」だと決めつけて、それ以上の成長を自ら阻み止めてしまう。そういう状態に陥っていると諭したのだ。

　自分には50点なら取れるけど、それ以上はムリ。100点なんて、とんでもない……。
　そう思っていても、実践してみたら100点を取れるかもしれない。そういった可能性を完全に消してしまう、諦めの心を戒めているわけだ。

「やってみなければ、わからない」ということだろう。

❶時間目の補講
よく使われる『論語』の言葉

　ここでは、引用される機会が多いなど、私たちの耳目に触れることが多い『論語』所収の有名な言葉を集めてみた。
　それぞれ読み下し文と簡単な意訳をつけたが、その根本にある「仁」の思想を感じ取ってほしい。

◆学びて時に之を習う。また説（悦）ばしからずや。朋の遠方より来たる有り。また楽しからずや（学而第一）

意訳
　新たな知識を求めて勉学を続け復習によって身につける。何という喜びだろうか。遠方の友人が、わざわざ訪ねてくる。何と楽しいことか。

◆巧言令色、鮮なし仁（学而第一）

意訳
　巧みないい回しを好んだり、善人に見られようと外見を着飾る者は、自分本位で他者への思いやりが薄い。

◆曾子曰く、「吾、日に三度吾が身を省みる。人のために謀りて忠ならざるか。朋友と交わりて信ならざるか。習わざるを伝えしか」（学而第一）

意訳
　（曾子は）1日に3つの反省をする。ひとつは他人から受けた相談に真心を込めて応じたか。もうひとつは友人との約束を違えていないか。最

後に、充分な復習をすることなく、弟子たちに教えを授けていないか。

◆礼の用は、和を以て貴しと為す（学而第一）

意訳

礼儀作法は必要以上に堅苦しいより和やかな振る舞いのほうがいい。

◆吾、十有五にして学に志す（志学）。三十にして立つ（而立）。四十にして惑わず（不惑）。五十にして天命を知る（知命）。六十にして耳順う（耳順）。七十にして心の欲するところに従えども矩を踰えず（為政第二）

意訳

私は10代半ばで学問に目覚め、30歳で学問によって一人前となった。40歳で迷いが消え、50歳で天が自らに課した使命を知った。60歳で人の意見にもよく耳を傾けられるようになり、70歳になって心の赴くままに行動しても、度を過ぎることがなくなった。

◆君子は器ならず（為政第二）

意訳

君子は器ではなく、器に盛りつける料理人だ。

◆故きを温めて新しきを知れば、以て師たるべし（為政第二）

意訳

よく歴史を研究して、よく現在を観察する姿勢を持つことがリーダーの条件だ。

※「温故知新」の四字熟語で有名。

◆後生、畏るべし（子罕第九）

意訳

若いということは、それだけで将来に希望があるということだ。

◆知者は惑わず。仁者は憂えず。勇者は懼れず（子罕第九）
意訳
　知恵があれば迷わない。真心を持っていれば心配事はない。勇気ある人は怖がらない。

◆鶏を割くに、焉んぞ牛刀を用いん（陽貨第十七）
意訳
　ちいさなニワトリを料理するのに、わざわざ大きな牛を調理するために用いる牛刀は必要ない。

2時間目

孟子に学ぶ「性善説」の教え

『孟子』についての基礎知識

☯ 『孟子』は『論語』と並ぶ教養書のトップ

　『孟子』は、著者である孟子自身が晩年に、彼を慕う弟子たちと一緒になって作り上げた書物で、以下の **7篇** から成る。
　各篇とも『論語』同様、冒頭の文字を冠するのが一般的だ。

```
梁恵王（りょうけいおう）
公孫 丑（こうそんちゅう）
滕文公（とうぶんこう）
離婁（りろう）
万 章（ばんしょう）
告子（こくし）
尽心（じんしん）
```

　『孟子』7篇は、少なくとも戦国時代にはすでに広く読まれていたらしく、荀子も読者で「孟子学派」を自認したひとりだった。

　その『孟子』は、『論語』と同じく「**四書**」に含まれている、**中国で長く重要視されてきた教養読本**だ。

　余談だが「四書」は『論語』『大学』『中庸』『孟子』のことで、官職に就きたいなら熟読しておく必要があるテキストでもあった。
　事実、『孟子』を出典とするテスト問題が数多く作り出されていて、その重要性（出題頻度）は、場合によっては『論語』すらしのいでいた。

この「四書」と、すでに1時間目で触れた「五経」を合わせて「四書五経」という。
　これは知識人たるもの熟読していて当然というもので、知識人や支配者層にあって、これらの書物の内容を把握していなければ軽蔑を受けるどころか失職につながるほどの"権威"を備えた書物だった。

☯ 単なる『論語』の後追いではない『孟子』

　『孟子』はよく『論語』とワンセットにして説明される。
　著者の孟子自身が、孔子の思想を忠実に受け継ぐ賢人として古くから認識されていたからで、いわば『論語』の発展形もしくは孟子による"現代版"への進化バージョンが『孟子』といえる側面があった。

　だからといって、その内容は『論語』を単純になぞらえたもの、というものでもない。

　『論語』は全体的に穏やかというか緩やかというか、あまり全身からオーラを発しながら迫ってくるような印象を受けないが、『孟子』はそれと比べると、やや感情がほとばしっているかのような烈しい印象も受ける。

　その影響もあってか、同じ「儒家」の思想でありながら、孔子は是認するけど孟子は敬遠する、というような人物も昔から存在していた。

　特に問題とされたのは、「君主を貴ばない」など、反体制運動や革命につながりそうな危険な文言があること。
　明の太祖などは、これを理由に「今の時代に孟子が生きていたら処罰もの」だとして、『孟子』から自分にとって不都合な部分を削除した書物を作らせたほどだった。

☯ 『孟子』の存在感を一気にアップさせた朱子学

　ほかの「諸子百家」による書物と同じく、『孟子』も時代とともに文献の整理などが施されている。
　漢王朝の時代、特に前漢末期から後漢にかけての時代は、古典の整理と再編集が盛んだったが、『孟子』も後漢時代に画期的な変化を遂げる。

　趙岐は『孟子』7篇すべてを上下2つに分割。これで計14篇となり、その中身を章句で細分化したため、今日も使われている「梁恵王章句上」などの篇名が用いられるようになった。

　やがて北宋王朝時代に再評価の機運が高まると、南宋時代になって、朱子学を興した朱熹が『孟子』を「四書」に加えた。
　同時に、『論語』より書物としての格が下といえる「諸子」に分類されていた『孟子』は"昇格"することにもなり、「論孟類」として『論語』とペアを組むことになった。

　そして中国で長く最難関の公務員試験として実施されてきた「科挙」の必須科目にも定められ、今にいたる格式が整えられた。

☯ 朱子学の影響で江戸時代の日本でも重要文献に

『孟子』の格を一気に引き上げる立役者となった朱子学。
すでに1時間目で見たように、日本の江戸時代には幕府公認の学問とされ、大きな影響力を持つことになった。

　その朱子学イチ押しともいえるのが『孟子』なのだから、日本国内で存在感を高めていくのは自然なことだった。
　特に、朱熹がまとめた「四書」の新注釈版『四書集注』は日本でも

重宝され、『孟子』を読むならこの書物で、という流れが定着した。

幕末きっての思想家も『孟子』を講義していた

日本の幕末期を代表する思想家として有名な長州藩の**吉田松陰**。
彼もまた、『孟子』を後進の育成に活用した人物のひとりでもある。

松陰は黒船に乗ったペリーの来航を知ると、まだ見ぬ外国人をよく知って今後に活かすべく、その船に乗り込んでアメリカに渡航しようと企てた。
もちろん当時の幕府は、密航はおろか海外渡航そのものを禁じていたから、発覚すれば重罪人として処罰される。
成功寸前のところで計画は漏れてしまい、松陰は牢獄につながれる身となった。

江戸の牢獄から国許の牢獄に移送された松陰。そこで同じ囚人たちを相手に熱弁を振るった中身が、**『四書集注』をベースにした『孟子』の講義**だった。

松陰は獄中で講義と並行して執筆活動にも余念がなかった。そのなかで講義録のようなものも書き残した。
それが今日、松陰の代表的な著作のひとつとして知られる**『講孟余話』**だ。

孟子とはどんな人物だったのか？

教育熱心な母に育てられ……

　生没年が明らかではない孟子こと孟軻は孔子が生まれた魯の隣、鄒という小さな国に生まれた。
『孟子』に書かれている記述から導き出され、有力視されている生年は紀元前370年前後。

　幼少期は母の手により、「孟母三遷」「孟母断機」で知られる熱心な教育を授けられた……ということになっているが、これらのエピソードは後世の創作である可能性が高いようだ。
　というのも、彼の前半生を明確に語ってくれる史料は、今のところ発見されていないから。

　ちなみに「孟母三遷」とは、息子の教育に適した土地を求めて３度の引っ越しを繰り返した、という故事。
　孟子が、墓地の近くに住むと葬式ごっこに勤しみ、次いで商家が並ぶ市街地に移り住んだら商人ごっこに興じたのを見た母が、３度目の住居に選んだのは学校の裏だった、という説話だ。

　「孟母断機」は、勉強に飽きて放り出し、帰宅してきた孟子に対し、母が機織り機で織っていた布（つまり収入源）をバッサリ裁断。孟子の行動はこれと同じことだと諭して、学問こそ「継続は力なり」ということを教え込んだ、という故事だ。

青年時代は模範的な孔子フォロワー

　孟子の青年期は「諸子百家」が飛躍的に発展した時代でもあり、孟子は**孔子の孫の弟子にあたる子思**を先生として学んでいた。

　生きている時代が違うから直接の門弟にはなれないものの、より孔子に近いところで学びたいというのが、孟子の心境だったようだ。

　やがて**梁の恵王**に「仁政とは何か」を講義できる地位にまで上ったのだが、孟子最大の理解者ともいえた恵王が紀元前319年に没すると、後を継いだ襄王に失望して国を去ることに。

　以降、約15年にわたって諸国を歴訪するが、どの国でも自らの理想とする政治を採用してもらえなかった。

　魯公への対面を、魯公側近の妨害で実現できなかった孟子は、これが現実なのだと悟って故郷に帰り、以後は教育と執筆という2本柱に活動を絞っていく。

　ここから死までの5〜10年あまりは、教育活動のかたわら、弟子たちと『孟子』の執筆に費やし、その生涯を閉じた。

　没年は紀元前300〜290年ごろとされているが、定かではない。

　また没した地は故郷の鄒国内と思われるが、こちらもハッキリしていない。

孟子の理想と「性善説（せいぜんせつ）」と「孔孟思想（こうもう）」

孟子が実現を目指した「王道政治」の中身とは

　孟子は、彼の理想とする政治を実現させてくれるかもしれなかった梁の恵王に対して、
「最低限の衣食住が保証され、故人の葬儀が滞りなく整然と執り行なえることが王道政治のスタート地点となる」
というようなアドバイスを授けた。

　そのために必要なのは、**誰もが安定して収入を得られること**で、これを実現するためには**教育が欠かせない**、と考えていた。

　現代日本では親の収入格差によって生じる、"受けられる教育の格差"が問題視されているが、ここでは"受けられた教育レベルの高低が収入格差の原因のひとつ"に挙げられている。
　その点で、孟子が2000年以上前に指摘した社会の"カラクリ"は、時代も国家も超えて普遍（ふへん）的なもの、といえる。

　生活が安定していてはじめて、心も安定するもので、心の安定には学校での教育によって「人間らしさ」「人の道」という道徳を教えることも必要だ、とも考えていた。

　これが**「王道政治＝仁政」**だ。
孟子が世界に波及させて全国家に採用してほしいと願った理想郷の姿、ともいえる。

こうした国家制度を創り上げるために、孟子は行政システムについても言及している。
　一里四方の正方形の土地を、「井」型に区切って九等分。うち周辺部にある8区画それぞれに1世帯ずつ住まわせ、中央の1区画は「共同農地」として、その収穫から税を収めさせる、というものだ。

　このあたりは、20世紀の世界を席巻した共産主義思想と似たような部分があるといえよう。

☯「王道政治」の実現に不可欠な「天命」

　孟子は、中国における伝説の神話時代の理想的為政者といえる堯と舜こそ「王道政治」を実現していたと考えていた。
　孟子に限らず、かつての中国では、「聖人」とされる堯舜の時代を理想とする思想家が普通で、堯舜への回帰を目指す政治思想が支配的だった。

　孟子は、堯や舜がなぜ、王として君臨することができたのか、王道政治を実現できたのか、という謎に対して、「天命」という言葉で説明してみせた。

　王の権威や権力は、武力などではなく、天からの命令に従って授与されるもので、人為的に身につけられるものではない。
　だから王朝が交代するとき、その最後の王は、すでに王としての資格を天から認められた人物ではなくなっている。実質的には王ではなく、単なる"人物A"でしかない。
　そして次に「天命」を授けられた人物が王になる……。

　概略、このような論法で「天命」の重要性と、王権の根拠を示すのだ。

孟子に学ぶ「性善説」の教え　69

これは西洋の"王になる資格＝権利は、神によって選ばれた人間に授けられる"という「王権神授説」とも通じる発想といえるだろう。

　だから、現代の「聖人」が登場して国を治めてくれることこそが「王道政治」実現の前提で、そのときに、聖人君主の意向を丸ごと受け止められるような資質を、国民の側が備える必要も出てくる。

　そこで重要視されるのが、教育や道徳観念となる。

☯「王道政治」の必須条件としての「性善説」

　孟子というと「性善説」。
「性善説」については、中身はよく知らなくても言葉だけは知っている、という人も多いだろう。

　ひと言で表せば、
「生まれつき人が持っている性質は善である」
　ということなのだが、この「善なる本質」は、生まれながらにして人が天から授かった性質だと、孟子は考える。

　かいつまんで説明すれば、そうでなければ「聖人」がこの世に生まれ落ちることなどあり得ないからだ。

　自分の利益だけ考えて税金を無駄遣いするような政治家、目先のことしか見えずに有権者を裏切る政治家……変なたとえになるが、こんな一般的に"悪い"とされる性質を生まれながらに備えていた場合、この人物に天が政治を任せようとはしないはずだ。
　そして、人間すべてが生まれつき"悪い"性質を持つ存在とすれば、「聖人」は永久に生まれてこない。

だとしたら"悪い"要素は後天的でしかなく、生まれたときには"善い"存在だったはずだ。

　ということで、孟子は「性善説」を掲げているといえる。

☯「性善説」がもたらす必然としての「革命」

　人間が生まれつき「善」という存在でも、生きていれば"悪の誘惑"にさらされる可能性がある。社会環境や経験を通じて、「善」ではない存在に変化することもまた、あり得る。

　孟子は、そうして「善」を失ってしまった為政者は、すでに「天命」が授けられている人物ではない、と考える。
　そして、次に「天命」を授かる人物が登場することで「革命」が起きるとしたのだ。

「革命」とは、「天命が革（あらた）まる」の意味で、**天命を授かる人物や王朝が交代する**、ということだ。
　過酷な課税をしたり、人心が荒廃（こうはい）するほど戦争に明け暮れたり、自分は贅沢（ぜいたく）の限りを尽くしているのに民に施しをしなかったり……。
　こうした、民の存在を無視して自分本位の姿勢を貫く為政者は、遅かれ早かれ、次の「天命」を授かった人物によって倒される。

　王朝が交代することもある、という孟子の主張は、その王朝を永続させようとしている王族や側近、国で重きをなしている貴族階級からすれば、まことに無視できないものになる。

　仮に民の間に不満が極限まで募ったとき、
「あなたがたの政権は、すでに天命を授かっていないのだ」

という理屈を持ち出して、民は簡単に暴動などを起こすことができる。
　被支配者が支配者階級に反抗しようと思ったとき、自分たちの行動を正当化するのに都合がいい論理といえる。

　そのため、孟子の思想は「危険思想」だとして、支配者階級から敬遠されやすい性質を持っていた。

　もっとも、孟子としては、
「生まれつきの悪者はいないのだから、悪に染まらないよう注意しながら生き、より善い存在になろうと努力していれば、誰でも聖人になれる可能性を秘めている」
　というのが本音だ。
　それは、
「舜も人なり。我もまた人なり」
　という『孟子』の言葉に表れている。

「天命」を授かっている王にせよ、その「天命」が自分から離れていかないように努力していれば問題ないわけだ。
　そのような努力をしていれば、孟子の思想を「危険」と判断することもない。

　逆説的になるが、孟子の「革命」理論を「危険」だという王や支配者は、その時点で「善」なる存在であることを否定したり諦めたりしている、ということにもなる。

　生まれつき持っているはずの「善」なる心を、あえて失うような行動をしたら、当然のように別の人物に「天命」が移動しますよ、というだけで、孟子本人としては支配者階級への"戒め"のつもりはあっても、反乱を助ける"アジテーション"のつもりは、まったくなかったはずだ。

☯ 「革命」思想が生まれた背景

　孟子が生きた戦国時代は、孔子が生きた春秋時代と比べて、農業生産力が大幅にアップし、商工業が飛躍的な発展を遂げるという社会構造の変革が見られた。

　そうなると民の存在感は、今まで以上に増してくる。
　支配者層にとって、民の行動も思惑も、かつてと比べると無視しきれないものになっていた。

『孟子』には社会構造や経済についての言及も多い。先に"共同農地"の話を紹介したが、ほかに次のような内容もある。

「減税すれば、その市場に商人が集まる」
「関税を低くすれば、商人たちはそのルートで交易する」
「流通手段があるから食糧が手に入る」
「同じモノでも品質に応じて価格は変わって当然」

　これは社会システムが昔よりは複雑化し、その現実を孟子が観察し続けたことの表れではないだろうか。為政者と民との"距離"も、以前と比べてはるかに近くなっていたはずだ。

　こうした時代の変化があったからこそ、孟子は支配者層と被支配者層が直接的に交じり合う舞台を作り出す、「革命」というものの着想を得たのかもしれない。

☯ 孟子の"再評価"から「孔孟思想」に

　戦国時代の孟子は、すでに著名ではあったものの、あくまでも数ある

「儒教」の一学派にすぎなかった。

　孟子は"スゴイ人"ではあるけど、それ以上の存在ではなかった。

　彼の名声が飛躍的に高まったのは、後で「韓非子」の章にも登場する唐の詩人・**韓愈（韓子）**のおかげだ。
　韓子は**孟子の思想を評価**し、彼を聖人に次ぐ**「賢人」**の地位にまで押し上げた。

　聖人は人間としてパーフェクトな理想の人物。賢人は「亜聖」ともいい、パーフェクトに近いが残念ながら次点、というような立ち位置だ。
　すでに孔子はこれ以上にないほどの名声を得て久しかったから、その間接的な弟子にあたる孟子のランクが下げられたのは、ある意味で仕方のないことだったかもしれない。

　これにより孟子は、聖人としての地位を揺るぎないものにしていた孔子の"次席"というような存在に"格上げ"される。
　変なたとえだが、ひな壇芸人から自分が司会を務めるポジションに上がるのと似ていないだろうか。
　こうして孟子の思想は、儒教の中でも一段高い地位にある学派として存在感を増していく。

　あくまでも孔子フォロワーのひとつでしかなかった孟子の思想だったが、ここで儒教の中では孔子の『論語』と双璧を為すものへとランクアップした。こうして**「孔孟思想」**というくくりが生まれたのだ。

☯ 孟子と孔子のココが違う！

　孟子と孔子とでは、"人間をどのように見るのか？"という点で違いがあった。

孔子の場合、孟子のように「生まれつき備わっている人間の性質」について、明確には言及していない。

　生まれつき「仁」を備えてはいるだろうが、生きていくうえで積み重ねた経験や学習、社会環境に左右される。人間は後天的に、どのようにも変化する。以上が孔子の考えかただった。

　一方の孟子は、「性善説」で明らかなように人間の本質を突き詰めていこうという姿勢があった。
　その意味では、**孔子のほうが現実主義的で、孟子のほうが理想主義的**だったといえる。

　しかし、「人間は生まれながらに善」といいながら、悪の道への誘惑に負けてしまう可能性を考え、道徳心を育むなどの努力が必要だ、という結論にいたった孟子。
　その心中では、理想と現実が激しくぶつかっていたのかもしれない。

> 惻隠の心は仁の端なり。羞悪の心は義の端なり。辞譲の心は礼の端なり。是非の心は智の端なり。
>
> 人を慮る心の動きは、「仁」を備えるはじまり。羞恥心は「義」を会得するはじまり。謙遜することは「礼」を知るはじまり。きちんと善悪の区別がつけられる心は「智」を身につけるはじまり。
>
> 惻隠之心、仁之端也。羞悪之心、義之端也。辞譲之心、礼之端也。是非之心、智之端也。

☯ いきなり頂点を目指さずに基本からコツコツと

　他人の不幸を目の当たりにして無視することができない同情心や憐憫の情。あるいは他人の心境や境遇への思いやり。こうした心の動きを「惻隠の心」と呼ぶ。

　人間が、こうした心の動きを可能にする資質を生まれつき持っているというのは「性善説」の基本をなす思想でもある。

　『孟子』では、上記の文言の前に、
「惻隠の心が身に備わっていないならば人間ではない」
と記されている。それ以外の羞恥心、謙譲心、善悪を区別する感情についても同様だ。

　つまり、これら4つの心の動きは、人間に生まれたら備わっていて当たり前、ということ。
　そして、この4つの心の動きが備わっていれば、「儒家」が人間の理

想像を追ううえで欠かせない軸とされる資質の「仁」「義」「礼」「智」を、それぞれ身につける資格が備わっている、そのスタートラインに立っている、といえよう。

『孟子』は、続けて、
「4つのスタートラインを持っていて仁・義・礼・智を実践できないならば、自分で自分を殺しているようなものだ」
「4つのスタートラインに立てば仁・義・礼・智は拡張できるし、それが十分にできないというのであれば、孝徳心のベースともいえる父母にさえ、充分に仕えることはできない」
とまで断言している。

「惻隠の心」に従えば、困っている人に救いの手を差し伸べることは、功名心や名誉欲からではなく、もっと自然な心の動きのままに自分にできる手助けをはじめるということになる。

　近年の日本ではボランティア活動が活発に行なわれているが、その多くは「褒められたい」「よく見られたい」といった理由からではないはずだ。
　これこそ「惻隠の心」によるもので、仮に変な見栄や欲望が動機に入り込めば、それは「人間ではない」所業、ということになってしまう。
　また、理由のいかんにかかわらず、その行為が「偽善」かどうかという議論が引き起こされることも少なくない。
　言葉を返せば、「惻隠の心」によるなら、それは「仁」の萌芽だが、邪念が入れば"偽善"になる、ともいえるだろう。

王左右を顧みて他を言えり。

王は左右の近臣を振り返りつつ、別の話題で話しかけた。

王顧左右而言他。

❷ 自分のことを棚に上げていませんか？

　いかにも孟子らしい"誘導尋問"で、政治についての意見を求めてきた斉の宣王をチクリと諫める文言の"オチ"にあたる部分である。

　原文は長いので右ページで紹介しているが、意気揚々と孟子の質問に即答していた王が、自分に関係する質問をされた途端、ごまかしに走るのだから、その質問に隠された意図がいかに鋭く、ギクリとさせる内容だったのかがわかる。
　質問された王自身、思い当たるフシがあったのだろうし、孟子も、それを知っていて、あえて"イジワル"したのかもしれない。

　相手の心持ちひとつで、処罰されるリスクもあるが、相手の耳に心地いいことばかり論じていたら意味はない。

　さまざまな思想家が諸国を旅しながら、自分の思想を売り込むのに勤しんでいる時代にあって、他人に後れを取らないためには、一定の説得力がある弁舌を駆使する必要もある。その手っ取り早い方法のひとつは、相手の欠点を鋭く突く、ことだろう。
　耳に痛い言葉をときとして投げかけることができるからこそ、ブレーンとしての存在意義がある。

　これは私たちの日常にも深く関係する"耳が痛い話"だ。

自分のことを棚に上げて他人を非難する。
「じゃあ、自分はどうなの？」
　と切り返されたとき、宣王のようなごまかしに走ることがないように、我が身を振り返っておくことが肝要(かんよう)といえる。

〈意訳文全文〉
孟子は斉の宣王に「家来の誰かが、楚に行くので留守中の自分の妻子の世話を親友に頼んだとします。ところが帰宅すると妻子は凍餒(とうたい)（＝寒さで凍えて飢える）していました。王は、この親友をどうしますか？」と質問した。王は「見棄てて用いない」と答える。孟子が「士師(しし)（司法長官）が無能で士（司法官）の風紀が乱れたらどうしますか？」と尋ねると、王は「辞職させる」と答える。さらに孟子は「国内がよく治まっていないとしたら、どうしますか？」と尋ねた。王は答えに詰まり、左右の近臣を振り返りつつ、別の話題で話しかけて、ごまかした。

〈原文全文〉
孟子謂斉宣王曰、王之臣有託其妻子於其友而之楚遊者、比其反也。則凍餒其妻子則如之何、王曰、棄之。曰士師不能治士、則如之何、王曰、已之。曰、四境之内不治、則如之何、王顧左右而言他。

木に縁りて魚を求むるがごとし。

木に登ってエサを撒いて魚を釣ろうとするようなものだ。

猶縁木而求魚也。

☯ 見当違いの手段を用いて目標は達成できない

　魚を釣りたければ、川や海などにエサを撒き、そこに釣り糸を垂らさないといけないことは、誰にもわかる当然のことだ。

　しかし、現実の生活において、木に登ってエサを撒いてそこに釣り糸を垂らすような、的はずれな方策で目標を成就しようという姿が、かなり数多く見られる。

　『孟子』では、領土的野心が旺盛な王の質問に、孟子が答える形式で会話が進み、最後に、こう結論づける。

　「木に縁って魚を釣っても実害は出ないが、**戦争は見当はずれな計画で実施すると、想像を超えた被害**を出す。何より領土的野心を満たそうとすれば、戦う敵が多すぎる。ならば内政に力を注ぎ、周辺に住む**賢人や商人、農民たちがこの国に移住したいと思える国を作るのが早道**です。そうなれば、王に逆らう者はいなくなるでしょう」

　目先の可能なことだけに捉われず、大局的に物事を観察して、より正しい、より効果的な方策を導き出す。
　そのためにまず、魚を釣るのは水辺、という前提を再確認するということだ。

五十歩を以て百歩を笑う。

自分とほとんど変わらない相手を見下して笑う。

以五十歩笑百歩。

超有名な「格言」は孟子がいい出した

五十歩百歩。

この言葉を覚えたばかりのころをはじめとして、実際に使ったことがある、という人は多数派なのではないだろうか。

五十歩と百歩なら、確実に移動距離の違いはあるが、肝心なのは、そこにツッコミを入れることではない。

孟子は、戦場からの脱走兵を例に取り、いかに空虚な行動なのかを説明する。

50歩だけ逃げた兵士が、100歩逃げた同僚を「臆病者」となじった。しかし、両者とも逃亡したことに変わりはない。

「孟子」は梁の恵王の「どれだけ新たな政策を用いても、人口が一向に増えない」という質問に答えて、こう述べたのだ。

恵王は、凶作ではなかった地帯の農作物を凶作地帯に運んでいたのだが、それは根本的な解決策にならないと、孟子はいった。

農繁期の戦争を止め、環境に配慮した農業政策を施すなどの、まるで視点が異なる政策の必要性を訴えたのだ。

為さざるなり、能わざるに非ざるなり。
"しない"は"できない"ではない。

不為也、不非能也。

☯ その「できない」は本当に「できない」？

孟子は、治安が定まらないことを嘆き、アドバイスを求めてきた宣王に答える。

「大きな山を抱えて大海を飛び越えろ」といわれて「できない」というのは、本当に「できない」からいい。「老人にマッサージをしてあげなさい」といわれて「できない」とか、「目上の者を敬え」といわれて「できない」、というのとは違う。それらは「しない」だ。

「1枚の羽毛を持ち上げられないのは腕力を使わないから」で、これは「できない」ではなく「しない」。この論法で「孟子」は、**「民心が安定しないのは徳政を施すことができないからではなく、していないから」**と断じた。

これも私たちにとって大きな示唆を与えてくれる文言だろう。
本当は「しない」なのに「できない」でその場を逃れる。
そもそも「できない」と判断するには、「する」が前提となる。
実際に行動してみて、やはり「できない」ならいいが、「できる」はずなのに「する」を避けて「しない」で済ませる。
重要な局面であればあるほど、この態度は避けるべきであろう。

❷時間目の補講
ワンモア『孟子』の世界観

『孟子』は端的な並列などを用いて、何が最も重要なのか、優先度が高いものは何なのか、などを示す文言が多い。

ここでは、そんな「孟子」らしい言葉をいくつか紹介したい。

◆民を貴しと為し、社稷これに次ぎ、君を軽しと為す。

意訳

民が最も貴い存在で、国家などの組織は2番手、最も軽んじられるのは君主であるべきだ。

封建主義の世界なのに現代民主主義に通じる発想。孟子が危険視されたのも理解できる。拝金主義が蔓延する現代社会では、ブラック企業を筆頭に、孟子の言葉に反するケースが多いのではないだろうか。

◆天下の本は国に在り、国の本は家に在り、家の本は身に在り。

意訳

安寧な世の中が実現するには国家の安寧が必要で、国家の安寧は家庭の安寧がベースにあり、家庭の安寧には自分自身の心の安寧が欠かせない。

ということで、大きなことを考えたり口にしたりする前に、それを可能にする自分のありようを磨こう、というメッセージだ。自分のことを棚に上げて天下国家を論じる資格はない、ということだ。

これまた民主主義に通じる発想だが、現代の多くの政治家に孟子のこの言葉を、しっかり身に刻んでもらいたいものだ。

◆天の時は地の利に如(し)かず、地の利は人の和に如かず。

> 意訳

　絶好のチャンスは地の利を得ていることに及ばず、地の利は団結力に及ばない。

　スポーツ界には"ホームタウンディシジョン"という言葉がある。直訳すれば"地元びいき"で、見ている側にホーム側に有利だと思わせるような審判の判定、を指す。

　今これを「地の利」とすれば、アウェー側選手が、ホーム独特の雰囲気に気圧されて思うようにプレーに集中できずに、絶対的なチャンスが訪れてもモノにできないことも、なるほどと納得させられる。

　それに打ち勝つには"チーム力"ということだ。チーム競技ならチームメイトとの信頼関係、個人競技でもコーチなどスタッフとの信頼関係を強固に築いていないと、実力が伯仲(はくちゅう)していればなおさら、勝てる望みが薄くなる、ということだろう。

　これは見方を変えれば、チャンスを活かすも殺すも"結束力"しだい、ということだ。

3時間目

荀子に学ぶ「性悪説」の教え

『荀子』についての基礎知識

最初期の『荀子』は今の10倍近いボリューム

　荀子が書いたとされる『荀子』の中には、戦国時代の書物『呂氏春秋』に影響を与えたと思われる部分がある、という説がある。
　この説に従えば、早ければ著者の死からほどなくして、世に知られていた書物だった、ということになる。

　司馬遷の『史記』によれば、荀子は、
「世の中が大いに乱れて、国が滅びたり暗愚な君主が登場したりすることが当たり前の世の中になった。
　儒者は細かいことにこだわり、荘子のフォロワーは口先ばかり達者。思想家たちも風紀を乱している。
　だから**諸学派の荒廃を憂いて、数万言に及ぶ著作を系統立てて書いて死んだ**」
　という。

　その荀子の著作こそ『荀子』なのだが、漢王朝時代は**322篇**から成る**『孫卿の書』**として知られていたらしい。
　それを前漢末期に**劉向**が整理し、**32篇**の書物として生まれ変わらせた。この当時は12巻仕立てだったようだ。
　この劉向は、『荀子』の解説書ともいえる『序録』も作成している。

唐代になって書名が現在の『荀子』に

　唐王朝の時代に入ると、**楊倞**という人物が、『孫卿の書』に新たな注

釈を施す。

このときに20巻仕立てに編集し直し、私たちが読むことのできる**20巻32篇**という構成に落ち着いた。

また、書名もこのときから『荀子』や『荀卿子(じゅんけいし)』に変更されている。

『史記』の記述を信じるなら、『荀子』は著者がひとりで書き綴(つづ)ったもの。

しかし、『論語』などと同じく荀子を語り部(べ)とする対話形式の部分があるかと思えば、荀子の考えを解説しているような体裁の部分もあり、文体などに統一感が感じられない。

そこで、ほかの「諸子百家(しょしひゃっか)」の書物と同様、一時期に執筆・編集されたのではなく、年代をまたいで作られた、と見る説が支配的だ。

もっとも、劉向が再編集した時点で、元のテキストが10分の1にされている。

重複部分を丸ごと削除したなどの作業だけで済んでいたならまだしも、原文そのままというわけにはいかずに加筆修正した部分も、少なからずあったはずだ。

それでも、「勧学(かんがく)」にはじまる全32篇はトータルで見れば、荀子の思想を今に伝えるテキストであることに、変わりはない。

また、『論語』などと違い、『荀子』の篇タイトルは、だいたい収録された内容に対応している。その点では私たちにとって"親切"な作りとなっている。

荀子とはどんな人物だったのか？

「荀」なのに「孫」その理由は!?

　荀子は、戦国時代の末期、始皇帝が率いる秦が中国を統一する直前、という社会の変革期に生きた人物。

　生年は明らかではないものの、『史記』の記述を信じるなら紀元前310年前後という推定が可能だ。

　これは同じ儒家の先輩であり、荀子も影響を受けていた孟子や、老子の流れを汲む道家の荘子が、晩年に差し掛かっていた時期だ。

　荀子について、数多くの伝記資料は残されているが、フィクションとしか思えないような記載や不明瞭な点も多いため、研究者の間で議論が交わされる内容が少なくない。

　そのため、定説としての荀子像が、ハッキリ定まっていないのが実情だ。

　多くの文献に共通する、あるいは多くの研究者の意見が一致している、という視点で荀子の生涯をたどってみよう。

　生まれた国は趙。**姓は荀で名前は況**だが「荀卿」と記述されることも多い。この「卿」は尊称と思われるが、身内ではない他人を本名で呼ぶことを忌避して使われていた字ではないかという説もある。

　字について補足すると、『三国志』の主要人物・劉備玄徳の場合、劉が姓で名が備、字が玄徳だ。

　本人を名前で呼ぶことが認められていたのは父母などだけで、基本的

に舎弟の関羽雲長や張飛翼徳（益徳）であろうと、彼を名前で呼ぼうとすれば、「玄徳」を用いなければならない。

荀子は「孫卿」などと書かれるケースも多いのだが、なぜ「孫」姓が使われるのかにも諸説ある。
「荀」の字が、前漢の宣帝の名前「詢」と同じ読みだから、漢王朝がこれを避けて荀子の姓を「孫」に改変したという話は、日本にも伝えられて長く信じられてきた。

しかし清王朝の時代に、この説明が誤りだとする説が出た。そして、単純に音の転化で「孫」になっただけ、という説が支持される。
また、かつて「荀」という国があり、その統治者の子孫ということから、「荀」家の"子孫"という意味で「孫」が使われた、という説もある。

☯ 亡国の貴公子が荀子の先祖だった？

生国の趙は、21ページでも見たように、晋が3つに分裂してできた国のひとつ。晋の北部を領土としたため、すぐ北には、たびたび中国に侵入していた異民族集団の匈奴がデンと構えていた。
しかも国の西側には、新興国家ながら勢力を強めつつあった、後に中国を統一することになる秦が控えている。

余談ながら、先ほど紹介した「荀」という国は、春秋時代の初期に晋が併合したと見られている。史料などによれば、「春秋五覇」のひとり、晋の文公が旧「荀」領を配下の貴族に与えたとき、その貴族が「荀叔」と名乗りはじめたという。
もしかすると、この子孫が荀子かもしれないとされている。

☯「法家」の前に"不要"とされた「儒家」荀子

　荀子は時期こそハッキリしていないものの、秦を訪れたことがある。『荀子』にある記述から、それは紀元前255年前後、と推定されている。
　当時の秦では范雎が宰相を務めていた。このポジションは現代日本の内閣総理大臣に相当するが、お国の事情によっては大統領並みの権力を有することもあった。

　このときの秦は新興の強国として存在感は増しつつあったものの、まだ、中国統一に向けて邁進するような国家ではない。
　しかし、ここまで4代にわたる各王と補佐役の政治がうまく機能し、中央集権的な政治システムが完成の域に近づきつつあった。
　農業生産力は大幅に向上して経済力も発展。おかげで養える人口が増えて、戦力も増強できていた。

　荀子は范雎と対面したとき、こういった秦の姿を褒め上げた。しかし、これで終わってはおもしろくない。
　荀子は、次のようなことも口にしたのだ。
「諸国に勝る点をいくつも持ちながら、天下に罰せられるのではないかとビクビクしているようにも見える。これは国内に儒者がいないからではありませんか？」

　荀子は「儒家」の端くれだ。端くれどころか、後に述べるように斉では長老として遇されるほどだから、この学派では有力者のひとりだったといってもいい。
　その彼が"褒め殺し"のような文句を使って自分を積極的に売り込んだわけだ。
　しかし秦は、商鞅が宰相の時代から、儒家ではなく法家の思想にもと

づいた政治を敷いてきた。

「情」による"あいまいさ"を排除し、書かれた文面通り、厳格に法律を運用して国家を運営するというのが、秦の特徴であり、周辺他国にはない強みの源泉でもあった。

その国に「儒家」が不足しているのは当然で、だからこそ売り込みをかけるチャンスもあったのだろうが、やはりというか、荀子の熱弁は范雎にも王にも届かなかった。

荀子は秦を去ることにし、やがて斉へと赴くのだ。

☯「長老」として敬われた晩年の荀子

荀子は50歳前後で、当時の中国で一番の大国だった斉に遊学している。

斉は領土が広大なだけではなく、陸上や河川などで交通の要衝を押さえていたため人の往来が活発で、その立地条件を活かして古くから商工業も盛んだった。そのため、経済大国としても周辺に認識されていた。

いわば先進国だから留学・遊学などで訪れる人々も多かったのだが、荀子もその例に漏れなかったわけだ。

さらに、この時代には、歴代の斉王による学者優遇政策が功を奏し、国境を超えた国際色豊かな学園のようなものが成立していた。

荀子はそこで学んだわけだが、同窓の中では年齢的にかなり上。ということで、彼を「長老」として敬う者も多かったようだ。また、行事などがあると首席として扱われたりもしていた。

荀子はここで10年近く過ごすのだが、頭ひとつ抜きん出た先進国の、これまた突出した経済活動を間近に見て、彼の特徴ともいえる現実的で

合理的な考えかたも育まれた。

戦国時代の最期を"看取った"荀子

　斉で穏やかな思想家としての日々を送っていた荀子。理由は明らかではないのだが、この国を去らなければならないときがやってくる。

　推測されるのは、儒家の「長老」として一定の政治的発言権を得ていたため、政争に巻き込まれてしまったか、その政治的発言権を得るために各学派が繰り広げた対立に巻き込まれてしまったか。

　いずれにせよ荀子は、長江流域に勢力を得ていた楚(そ)という国に赴く。
　南方の強豪国として知られた当時の楚で宰相を務めていたのは、**春申君**(しゅんしんくん)だ。
　彼は春秋戦国時代に流行していた、各地の有能な者を自らの客としてもてなし、自邸に置いて生活の面倒を見るということをしていた。
　そういった有能者を**「食客」**(しょっかく)といい、その人数の多さは、囲い込んでいる主の度量の大きさを示すバロメーターでもあった。
　もちろん、経済力がないと話にならないから、それを可能にするだけの経済基盤を持っている実力者の証でもあった。

　楚に入った荀子は、この春申君によってある地方の長官に任命される。
　しかし後ろ盾だった春申君が亡くなると、荀子も職を解かれた。
　そして、その任地で最晩年を過ごし、この地で亡くなったとされる。
　このころには、すでに秦の中国統一は時間の問題となっていた。楚も例外ではなく、荀子の死と前後して秦の猛攻を受けている。

著名な２人の荀子門下生

荀子が楚で過ごしていた時期と推定されるが、彼には**２人の有能かつ歴史に名を刻む弟子**がいた。

ひとりは**韓非子**(かんぴし)で、もうひとりは**李斯**(りし)だ。
前者はこの後、６時間目で紹介しているので詳細は省くが、後者は秦による中国統一の実質的な立役者となった人物だ。

李斯は楚に生まれ、楚王に仕えるべく学問を志した。そのとき国には荀子がいた。
李斯は荀子に学びながら仕官を夢見ていたが、ある日、楚王に仕える価値はない、と考えるようになった。
そこで荀子に、
「秦は中国を統一しそうなほど勢いが盛んで、まだまだ思想家の出る幕があるはずです」
こう告げて、秦へと赴いた。

彼は並々ならぬ野心の持ち主で、理想を語るだけで一向に改善されない貧乏暮らしは我慢できなかったし、無為無欲で生き続けることに疑問を感じてもいた。

秦に入ると李斯は頭角を現し、次々と地位を高めていく。
そして同じ荀子門下生の韓非子に対しては、始皇帝が韓非子に疑いを持つようにすることに成功し、韓非子を誅殺(ちゅうさつ)。
ついには始皇帝の宰相となったのだ。

戦国末期という時代が生んだ「性悪説」

「性悪説」は人間をどのように見ているのか

『荀子』の一篇に「性悪篇第二十三」がある。
「人の性は悪にして、其の善なる者は偽（作為）なり」
にはじまる一節で、荀子は「性悪説」の"開祖"として有名になった。

簡単に説明すれば、
「人の善良なる精神は、生まれつき備わったものではなく、体験や学習を通じて得たもので、結果論にすぎない」

荀子は孟子のシンパで、"孟子学派"のひとりであったはずなのに、"師匠"とは真逆のように見える説を唱えたわけだ。
しかし、荀子は「性悪説」で孟子や儒教の教えを否定したわけではなく、次のように考えた。

孔子がいう「仁」が後天的であるなら、それを現実にするための教育が必要だ。また、王道政治を実現するためには、為政者が「仁」を持つ人物でなければならない。ここでも教育は必要になる。そういう考えからの思いだった。

「仁」を教えてもらう前に「礼」も必要になる。誰かに師事して教えを乞うなら、教師と弟子の上下関係をおろそかにできないからだ。

こうして正しい「礼儀」を身につけ、然るべき教育を施してもらって「仁」を獲得する。

しかし現実には、人々は、生まれながらにして持っている功利心が"暴走"していて、「仁」どころか「礼」もまったく会得していない。
　だから曲がった木に熱を加えて真っ直ぐにするように、切れなくなった刃物を鍛え直して切れ味を取り戻すように、人間には規範を教えてくれる師匠が必要だ……。

　これが荀子のいう「性悪説」で、孟子や孔子の理想を現実社会でどう具体化するのか、という視点から生み出された論法ということがわかる。
　部分的に孟子の主張を否定してはみせるものの、根本的には当然だが上記の通り、荀子も「仁」や「孝」や「礼」といった、儒教に特徴的な教えの重要性を強く支持しているわけだ。

　理想に走りすぎていると感じられる師匠の思想を、現実に即応できる形に"進化"させたのが荀子、ということもできる。
　これは戦国時代末期という、まさしく時代の潮目に荀子が生きていたこととも、無縁ではないだろう。

　こうした発想があるからこそ荀子は、秦で「儒家がいない」と指摘するのだ。

塗の人も以て禹たるべし。

発展途上の人物でも、正しい努力で「仁」を知れば禹になれる。

塗之人可以民禹。

☯ 誰もが聖人になれる資格を持っているが……

　荀子は、「仁」というものは後天的に備わる性質だと説いている。
　つまり、**誰もが努力しだいで「仁」を獲得できる可能性を秘めている**、ということだ。

　そこで彼は、古代中国の伝説的な聖人君主である「禹」の名前を持ち出し、誰でも理想とする完成された聖人を目指すことは可能、というのだ。
　ここに「性悪説」の「人間は生まれて以後の教育でどうにでも変化する」という主張が表れているのだ。

　余談だが、「人は教育によって人となる」という有名な格言が、教育学の世界にはある。『理性批判』で知られるドイツの哲学者イマニュエル・カントの言葉だ。
　『荀子』も、**正しい教育こそ仁者を生み出す**、としているから、彼らの発想は兄弟関係にあるともいえるだろう。

　しかし、努力しなければ得られない"聖人へのパスポート"は、軽々と入手できるものでもない。可能性は無限に広がるが、誰でもなれると断言しているわけではないといえよう。

> # その積むところに私(わたくし)して、ただその悪を聞かんことを恐る。
>
> 自分が積み重ねてきた経験や知識に頼り、自分の欠点などに対するアドバイスに耳を傾けないようになってしまうことを恐れる。
>
> 私其所積、唯恐聞其悪也。

☯ すべて自分頼みでは成長も成功もあり得ない

　常識というものは、社会的なコンセンサスの集合体だが、自分の中にある常識は往々にして、それまでの経験や知識にもとづいて導き出された"私見"にすぎない、ということがよくある。

　自分にとって当然と思えることが、相手にとっては非常識。こんなギャップに驚く経験は、誰でもあるだろう。

　例えば、日本では原則的に車は左側、歩行者は右側を通行する。ルールがそうなっているからだが、誰も疑うことなく、この交通法規を守っている。
　しかし、これと逆のルールを採用する国は珍しくない。
　ルールが逆の国に行き、「ここでは車が右ですよ」と教えられたとき、いくら「右は歩行者だ！」と騒いだところで意味はない。
　自分の経験や知識に裏打ちされた"常識"は、これほどまでに脆弱(ぜいじゃく)な存在である。

> 青は、これを藍より取りて、しかも藍より青し。
>
> 染め物の青色は、藍草から採れる染料で作るが、藍草よりも青々とした色になる。
>
> 青、取之於藍、而青於藍。

超有名な成句「出藍の誉れ」の語源

おそらく、『荀子』の中で最もよく知られた文言だろう。
青色に染める自然界の染料として、代表的なものが藍という草だ。
これは一年生の草で、葉や茎を摘み取って染色成分を絞り出す。

こうして採取された染料は、使うと藍よりも青々とした色を生み出す。青という色彩単体で見た場合、藍そのものもより鮮やかでクリアな色合いだ。

そこで、**大元より優れたモノ**を指して使う言葉になった。
例えば、元は似せたものなのに本家より優れた製品が作り出されたとすれば、それは藍という本家製品から青という優秀な似せた製品ができあがった、ということになる。

誰かに師事して、何かの勉学に励んだとする。やがて力量をつけて、師匠より優れた業績を残す。
こうしたことは名誉なことという意味から、「出藍の誉れ」という言葉が作られたのだ。

> # 学はその人に近づくより便はなし。
> 学問は、その道のプロに教えてもらうことほど役立つことはない。
>
> 学莫便乎近其人。

☯ 確かな実績を挙げる人ほど"プロ"を頼る

　かつてジャーナリストの立花隆(たちばなたかし)は、「知の巨人」と異名を取るほどに膨大(ぼうだい)な知識を蓄えたコツについて、
「取材するときは、その道の第一人者に話を聞くことにしている」
と語ったことがある。

　自分で手当たりしだい、闇雲(やみくも)に情報を集めてみても、多くが徒労(とろう)に終わる可能性が高いし、独学で得られる専門知識にも限界がある。
　そこで"プロ"を頼るのだ。

　その道でずっと研究してきた人が、自分より劣るはずはなく、自らの経験をもとに知識を再構築しているはずだから、その説明は、何冊も類書を読むのに匹敵する内容を、短時間で伝えてくれるものになる。

　これは学問の世界だけではない。
　プロアスリートの世界でも、その道のプロに技術の伝授をお願いして、自分のスキルを高めるというのはよくある話だ。

　また、成功哲学の分野でも、スピーディに成功をつかもうとすれば、あらゆる必要としているジャンルのプロを、チームに加えることがお勧めとされている。

荀子に学ぶ「性悪説」の教え

> # 螣蛇（とうだ）は足無けれども飛び、鼫鼠（せきそ）は五技あれども窮す。
>
> 螣蛇（竜に似た伝説の生き物）は足がないのに飛べるし、鼫鼠（ネズミのような伝説上の生き物）は5つの技を持つのに生きるのに苦労している。
>
> 　　　　　　　　　　　螣蛇無足而飛、鼫鼠五技而窮。

☯ たったひとつの"必殺技"があればいい

　鼫鼠（せきそ）は、空中を飛び、木登りが巧みで、泳げもするし、穴掘りも上手なら、走るのも速い。これだけ芸達者なのに、屋根は飛び越えられず、木のてっぺんまではたどり着けず、谷があればわたれず、全身を隠すことができず、人間を追い越すことができない。
　"宝の持ち腐れ""器用貧乏"になってしまっているのだ。

　一方の螣蛇（とうだ）は、大空高く舞い上がって飛ぶことができる。
　屋根も谷も木のてっぺんも、その上を飛び越せる途方もない上空にまで舞い上がれば、発見されることもそうそうない。そして、移動スピードは人間の比ではない。
　このような"一撃必殺"のスキルを身につけるほうが、中途半端なスキルをいくつも備えるより有効、ということだ。

❸時間目の補講
『荀子』に見る鮮やかな論理

　思わず唸（うな）ってしまう鮮やかで鋭い論理構築も「荀子」の魅力のひとつ。そこで、ここでは、「荀子」らしさが表現されたといえる巧（たく）みなロジックについて紹介しよう。

◆侮（あなど）らるるを辱（はじ）とせず、聖人は己を愛せず、盗を殺すは人を殺すに非ずとは、此（こ）れ名を用うることに惑いて以て名を乱（もっ）る者なり。

意訳

　バカにされることは恥辱ではない。聖人は自分を愛さず他人ばかり愛する。そして盗人を殺すことを人間を殺すことではないという。これらは、言葉の用法を間違えていて、正しい使いかたを乱すことだ。

　この前後に原文は延々と続くのだが、これは「荀子」が別の思想家を論破するときの言葉だった。
　彼の主張は、
「言葉と、それが指し示す対象が混乱して結びつけば、人それぞれが言葉の意味を勝手に理解するようになるから、同じモノか違うモノかも判断できなくなる」
　というもので、安易な"言葉遊び"を諫（いまし）めている。

「バカにされたら恥ずかしいとは思わなくても、相手を憎らしく思うのではないですか？」
　彼はこんな質問を相手に投げかける。そして、
「人は相手にコケにされたことが発端で争いに向かうとき、恥ずかしいからではなく憎らしいから戦いを挑む。バカにされたことを恥と思うか

ら争うわけではない。だから恥と思わなくても、憎む心があるなら争いはなくならない」

こうねじ伏せるのだ。

荀子にとって、正しい言葉遣いとは、
「物事の是非を理解させる方法であり、それこそが"道"を説く手段」
といえよう。

◆騏驥(きき)も一躍にして十歩なること能(あた)わず。駑馬(どば)も十駕(じゅうが)せば、則(すなわ)ちまた之(これ)に及ぶ。

意訳

どんなに俊足の名馬でも、ひと跳ねで十歩分を走ることはできない。どんなに鈍足の駄馬(だば)でも10日かければ名馬の1日分は移動できる。

荀子は、"継続は力なり""チリも積もれば山となる"といった諺(ことわざ)を地で行くような説法を繰り返す。
ひとつのことに集中して向き合う"一意専心"が、不可能を可能にしてくれる。逆に、すぐに放り出せば何も成就(じょうじゅ)できない。
読めば「当然だろう」と思ってしまうが、実際には誰もがこの重要性に気づいておらず、実践できていないということを、荀子は訴える。

「道」を探す旅は確実に一生ものの過程なわけで、本当に「道」を見つけたいなら、一生涯をかけてこれに挑む気構えが必要となるわけだ。

4時間目

老子に学ぶ「道教」の教え

「老子」についての基礎知識

『老子』って、どんな書物？

　老子の著作とされる『老子』は、少なくとも戦国時代には写本が作られていた。

　だから成立年代はそれより古く、原本が執筆されたのは春秋時代と推定されている。老子は孔子より20歳ほど年長という見方が長く信じられてきたが、それに従えば紀元前500年ごろには執筆されていたものと考えられる。

　現在、私たちの目に触れる『老子』の大部分は、三国〜南北朝時代に作られた写本などがベースになっているが、近年になって、さまざまな時代に作られた『老子』の写本が続々と発見されている。

　一般的に目にする『老子』は81章で構成されていて、37章までの「道経」と呼ばれる前半部と、38章以降の「徳経」と呼ばれる後半部に分けられる。そのため『老子』は別名を『老子道徳経』ともいう。

　この章立ても、執筆された当時にはなかったようだ。南北朝時代に成立した注釈本により、全体が章分けされ、章タイトルも新しくつけられたからだ。

　『老子』の特徴として注目されるのは、韻を踏んだリズミカルな文章が多いということ。多いというより、その方針に従って記述されているかのように、読み心地がいい文章で統一されている。

　これは活字による伝承が念頭に置かれたものではなく、口頭による伝

承（口承）に有利だと考えられたからではないか、ともいわれている。

不明な点が多い謎の人物・老子

　老子こと老聃（ろうたん）は、本書に登場する思想家たちの中で、最も厚い謎のベールに包まれた人物だ。
　そのため架空の人物だという説も根強い。

　現在の中国河南（かなん）省には、"おらが街のヒーロー"老子を顕彰（けんしょう）する各種の施設がある。しかし、だからといってここが老子の生まれ故郷だと断定するのは難しい。
　『史記（しき）』には「楚の苦（そ）県」出身だと書かれているが、これが現在だとどこに位置するのかも、実はよくわかっていない。

　また、生没年も諸説ある。
　春秋時代の後期に生きた人物だというところまでは、ほとんどの学説が一致しているのだが、さらに厄介なことに、「老子」と呼ばれるにふさわしい候補者が3人もいるからだ。
　何より、『史記』に記された老子の享年（きょうねん）は160歳オーバーで、一説には200歳近かったとまでいわれていて、伝説上の人物としてしまうほうが手っ取り早い、と思わせるような履歴の持ち主といえる。

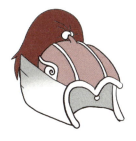

老子に学ぶ「道教」の教え

『老子』が主張した思想の中核

「道」……広く知られている老子思想の核心

『老子』というと、まず思い起こされるのは「道」だ。

万物の起源をも含めた包括的な意味合いの一語なので、正確に老子が考えたとおりの説明をするのは難しいのだが、一般的に知られた解釈に沿えば、だいたい次のような意味と理解できる。

「道」というのは仮の名前で、本来、**「道」には「道」と呼ぶべき決まった名前はない**。混沌としている「道」が、万物を生み出す母（根本）で、「無」であるはずの「道」から「有」が生み出される。

何とも抽象的で概念的だが、これは、**"目に見えるものが本当に目に見えている通りの色や形をしているわけではない"** という意味を含んでいるといえる。

言葉を換えれば、常識とされているものが本当に正しいとは限らないし、目や耳から入ってくる情報が常に真実とは限らない、ということだ。

その点では、私たちが認識している（と思い込んでいる）存在のすべては決まった形を持たず実体もないのだ、という仏教の「唯識論」と通じるものがある。

また、現代の素粒子物理学は、宇宙がビッグバンによって、無から生まれたと説明するが、これとも相通じるものが見て取れる。

☯「無」ということを重要視する老子

「道」と並んで老子思想の中核となっているのは「無為無欲(むいむよく)」だ。「無」は老子にとって重要な要素だ。

例えばペットボトルや鍋、茶わんなどの容器は、構造内に何もない空間があるからこそ容器として使える。同じく、建築材を組み合わせて作る家屋も、その屋内が空洞だからこそ「家」として機能する。

これらのように、「何もない＝無」があってはじめて成り立つモノや事柄の例を示して、老子は「無」の有用性（イコール「有」ともいえるだろう）を説く。

この発想を延長すると、「腹八分目」というのは、お腹の中にちょっとした「何もない」部分を設けておくことになるし、富も必要以上に蓄積すると「無」の部分が失われ、盗難などの気苦労に悩まされることになる、という結論になる。

こうした、最大限を求めない、余裕を残しておくという姿勢が「無欲」だ。

☯「何もしない」という行動にも意味がある！

「無為」というのは、字面(じづら)だけ見れば「何もしない」という意味に思えてしまうが、「ピクリとも動かない」というような単純な言葉ではない。**"何もしない"という行動をする**、というのが「無為」だ。

例えば、誰かから一緒にカラオケに行こう、と誘われたとする。
ここでは行動の選択肢として「一緒に歌いに行く（という行動をする）」「一緒に歌いに行かない（という行動をする）」の２つがある。「無

と聞いて「歌わない」ことを連想するのは簡単だが、さらに進んで「歌わないアクションを"する"」と考えると、これは何もしていない空っぽの状態をいうわけではなく、より積極的な行動の結果といえるような意味になる。

　ここには、"**無理をせず自然体で生きよう**"というメッセージも込められている。

　明らかに体調を崩しているのにカラオケに行って、喉(のど)を痛めたり発熱してしまえば、これは老子にとっては「行為」による「有害」を自ら招き入れたことになる。
　これは健康を維持するのが自然な姿だと考えれば「不自然」ということになる。
「歌いに行かない」という「無為」によって、体を休めるほうが行動としては理に適っていて「自然」ということになるのだ。

> ## 道の道とすべきは常の道に非ず。
>
> 道だと示せる道は、永遠に変わらない真の道ではない。
>
> 道可道、非常道。

自己主張しない"万物の根源"こそ「道」

『老子』で繰り返し説明されている「道」。これについて質問されて、
「これがそうですよ」「これが答えです」
というように具体的に示すような人物は、本当に「道」を会得(えとく)していない。
「道」とは、そうやって具体的に言葉で説明できるようなものではない、と老子は力説する。

この文言は、『老子』の冒頭に登場する。つまり、「老子」の思想の根幹をいい表したものともいえる。
そこで、創始者・発案者の老子は、思想の核心部分について、
「答えることは不可能です」
と、早々に"白旗"を揚げるのだ。
実は、『老子』を通して読んでも、「道とは何か」についての具体的な言及には触れられない。

答え合わせ用の解答ページがない参考書やドリルのようだが、「道」は普通に存在するけれど、その存在を進んでアピールしてくる性質ではない。
だからこそ「道」を探す旅は果てしなく険(けわ)しくなる、というわけだ。

老子に学ぶ「道教」の教え

> 大方（たいほう）は隅（すみ）なし。大器（たいき）は晩成（ばんせい）す。大音（たいおん）は希声（きせい）なり。大象（たいしょう）は無形なり。
>
> 巨大な四角形の角は見えず四角く見えない。巨大な器は完成まで時間がかかる。この世のものと思えない大声は聞き取れない。想像できないほど巨大なものは、形を捉（とら）えることができない。
>
> 大方無隅。大器晩成。大音希声。大象無形。

☯ 誰もが知っている四字熟語「大器晩成」

　地平線の彼方（かなた）まで広がっているような四角形なら、その場にいながら角を確認することはできないから、目の前にある図形が四角いとはわからない。
　ナスカの地上絵など、地上で見たら溝がずっと長くつけられているような感じで、まったく何かの形を描いているようには見えない。

　これと同じく、製作途中の巨大な器も、設計図でもなければ完成形がどうなるのか想像しづらいし、完成がいつになるかもわからない。これは、建築に何百年かかるか不明な、今も工事が続くスペインのサグラダ・ファミリアを例に取ればわかりやすいだろうか。

　これらのように、「道」というのも**想像を超えて大きな存在だから、軽々と全容を計ることができない**、ということを、「老子」は説いているのだ。

> # 上善は水の若し。水は善く万物を利して争わず、衆人の悪む所に処る。
>
> 最上は水のように生きることだ。水はあらゆるモノに恩恵を与えながら、それらに逆らわず、多くの人が嫌がる下流・低地へと流れる。
>
> 上善若水。水善利万物而不争、処衆人之所悪。

🌓 今では「上善如水」として有名な言葉

「如水」というと、ＮＨＫ大河ドラマの主人公にもなった**黒田官兵衛孝高**を思い起こすなら、きっと日本の戦国時代ファンだろう。また、「上善如水」という日本酒の銘柄を思い起こす人も多いかもしれない。

黒田官兵衛は、剃髪して出家した後の**号名**として「如水」を選んだ。「水は方円の器に随う」という『荀子』の一節から採ったとも、ここにある『老子』から採ったともいわれているが、真相は定かではない。

あるいは、同時代の日本に長く滞在した宣教師のルイス・フロイスは、「これまでの勲功が水泡に帰した」という心境を号名で表したと書き残している。

しかし、晩年を静かに過ごすためにも「水のような生きかた」を望んだのは間違いないだろう。

また、身に余る恩賞を頑として受けつけず、最後まで功績の割には少ない領地に甘んじていたことは、「無為」の思想にも通じる。

> # 聖人はその身を退けて身先んじ、その身を外にして身存す。
>
> 「道」をよく知る人物は、自ら一歩引くことでかえって周囲から立てられ、自分のことを無視して周囲を立てることで、結果的に周囲から重んじられて自分が立つことになる。
>
> 聖人退其身而身先、外其身而身存。

☯ 自然の道理を知れば「無為無欲」に

　この文言の前段階で老子は、自然そのものや自然の摂理がなぜ、永遠に不変なのか、と問いかけている。

　そしてそれは、**自然というものが"万物の創造者"であると意識することなく、「無為無欲」であり続けるからだ**、と説明が続く。

　これを人間に当てはめると、「道」を会得したような聖人は、"自然"の態度と同じく、いくらそれが事実であろうと、「自分こそがリーダーの器だ」とか、「自分が一番優秀だ」などという自意識を働かせない。

　意識してそうしているわけではなく、最初から自然と、そういう態度が身についている。

　そのほうが、かえって自分の能力やスキルを社会で活用できると老子はいっている。

> ## 有の以て利を為すは無の以て用を為さねばなり。
>
> 何らかの「形」あるものが役立つモノ＝「有」として成り立つのは、その裏で「形」を持たない「無」が支えているからだ。
>
> 有之以為利、無之以為用。

耳目に触れる部分だけを取り上げる無意味

　すでに軽く触れているが、『老子』では、誰もが理解しやすい「有」の裏に隠された「無」の重要性を説いている。

　目立つ部分は、こちらが意識しなくても勝手に認識されてしまう。その役割や働きも明快に理解される。
　しかし、**目立たない部分は、こちらが意識しないと認識できない**。その役割や働きは、まったく感知できない。

　ビジネスでもスポーツでも"裏方"という存在は、ありふれている。
　しかし、ビッグな商談を成立させた功労者や、見事なプレイを見せた選手が、華々しく称えられる一方、その活躍を陰で支えたスタッフの功績や苦労は、知られずに終わることも多い。彼らが成功した背景には必ず"裏方"の努力があるのに、陽の目を見る機会は、そうそうない。

　老子は、そうしてスポットライトが照らす先だけに注目する姿勢を戒めているといえよう。

功遂げ身を退くは天の道なり。

大成功を修めたり、多大な功績を残したりする者は、それを果たしたら早くその地位から引退するのが自然に適(かな)う行動だ。

功遂身退、天之道也。

☯ 晩節を汚さない潔い引き際とは

　仕事でも何でも、誰にも引退するときは訪れる。
　その最も美しいタイミングは、『老子』によれば、「頂点を極めた直後」だ。

　これは言葉にすると簡単だが、実行するのは難しいということを、歴史も現代社会も、いろいろなケースで教えてくれる。

　「老子」は、ほかにも「コップいっぱいに水を注(そそ)げば、すぐにこぼれる」などといった調子で、絶頂の後の急転直下を避けるべきだと説く。

　もし仮に、地位や肩書などに固執(こしつ)して居座り、業績とは比べ物にならないほどの小さなミスを犯したとしよう。

　悪しざまに攻撃されるならまだしも、かつて得た栄光も名誉もすべて失い、それに留(とど)まらず悪評だけが残される、という最悪のケースもある。
　だからこそ、絶頂にあるときこそ「その後」を念頭に置いて行動しなければならない、ということだ。

> **其の鋭を挫き、其の紛を解き、其の光を和らげ、其の塵と同じくす。**
>
> 「道」はすべてのものから"とんがった部分"を挫き、もつれている部分を解きほぐし、ギラついた輝きを和らげ、まとわりついた塵に自分を同化させる。
>
> 挫其鋭、解其紛、和其光、同其塵。

仏教でも使われる「和光同塵」の語源

「和光同塵」という四字熟語は、仏教の世界でも用いられるが、その元ネタとなっているのは『老子』のこの言葉だ。

また、前半の「和光」部分は長い間、好んで社名や商品名などに使われてきたので、私たちにもなじみ深い言葉といえる。

これは「道」が持つ性質を説明した言葉だ。

ツンツンした部分を丸くして、もつれがあればスッキリほどき、眩すぎる光を放っているならその輝きを抑える。そして、普通に考えれば敬遠するはずのゴミに自ら近寄って、それと同じように振る舞う。

これらは、**人間が持つ性質や特性を、「道」がどのように扱ってくれるのかを示した言葉**といえる。

つまり、「道」というものを学べば、私たちの心にあるギスギスした感情や攻撃的な態度を緩和させ、ソフトなあたりにしてくれる。

鬱屈した思いや悩み事があれば、それらから解放してくれる。

自らが持つ才能やスキルをことさら過信するような意識を改め、謙虚(けんきょ)な姿勢で周囲と触れ合う人格を形成してくれる。

　さらに、「道」を追究しようとしないような人物たちとも平然と交わり、彼らと同じような振る舞いや行動をさせてくれる。

　という感じで、平たくいえば「好人物」になるわけだ。しかし、その心に「道」が存在しようとは、周囲の誰も思わない。

　自分に劣る周囲の人間を見下して、自分から彼らのところへ"降りていく"という発想ではない。
　見下すこともなければ"降りる"こともなく、ただ自然に周囲に溶け込む姿勢だ。
　この態度もまた「無為」であり、「道」に適(かな)うことだ。

とがった部分は丸く、もつれをほどき、光はソフトにしてくれる「道」

❹時間目の補講
まだある『老子』エッセンス

　短い言葉に思想を凝縮させて「道」を語るのは、『老子』によく見られる論法といえる。
　そんな老子らしさが垣間見える、短いながらも含蓄に富んだ、比較的よく知られた文言を拾い上げてみよう。

◆兵は不祥の器なり。

意訳
　兵器や戦争は縁起がよくない。

　よく知られたフレーズだ。
　「兵」は誰もが憎む対象で、それがあるところに聖人はいない。
　やむを得ず「兵」を用いる場合は無為恬淡を心がける。
　そして勝利しても、これを美化しない。
　戦勝を賛美することは人殺しを賛美することで、これは人殺しを愉しむということになるから。
　だから戦争は葬式のように扱うのが好ましい。

　兵器や戦争の存在を完全否定するまでにはいたらないが、このように「兵」についての警鐘を鳴らす。
　用いる場合でも、心に留めるべきは「無為」の精神。いたずらに功名心を逸らせて軍功を稼ごう、勝利を得ようとは、ゆめゆめ思ってはならない。

◆学を絶てば憂いなし。

意訳

知識頼みを止めれば悩みはなくなる。

　これは学問など不要、という意味ではない。
　逆説的だが、あふれ返る情報すべてにコンタクトしようとすると、かえって多すぎる知識が判断の妨げになる、ということを示している。
　つまり、本当に必要な知識・情報だけを抜き出して習得することの重要性を説いたものだ。現代の「リテラシー」に通じる発想といえる。

◆曲なれば則ち全く、枉なれば則ち直く。

意訳

樹木は曲がっているから寿命を全うでき、虫（＝しゃくとりむしのイメージ）は体を曲げるから伸びることができる。

　これまた逆説的だが、当然といえば当然といえる自然の摂理でもある。
　樹木でいえば、木材用に育てようとすると、こまめに枝を切り落とすなどしなければ真っ直ぐに育たず、良質な木材とはならない。しかし、この状態は、明らかに自然＝無為ではない。
　高くジャンプしたいなら、直立の姿勢より一度身を屈めるほうがいいのは、多くの人が体感的に知っていることだ。直立姿勢より身を屈めた姿勢のほうが、見た目は美しくないかもしれないが、自然は、そうしたほうがいい、といっている。

　だから「老子」は、「曲がった木になりなさい」と勧めている。

5時間目
荘子が示したもうひとつの「道教」

「荘子」についての基礎知識

『荘子』「荘子」で読みが違う！

　5時間目のテーマは荘子による『荘子』だが、面倒なことに、書物としての『荘子』は「そうじ」と読み、人物名としての荘子は「そうし」と読む。中国語での発音ルールによるのか、かつての日本語の発音ルールによるのかはわからないが、ほかの諸子と書物のように同じ読みになっていないのはこの組み合わせだけだ。この機会に覚えておこう。

書物としての『荘子』

　4世紀に成立したとされる『荘子（そうじ）』。
　荘子の思想を書籍化したのは郭象（かくしょう）で、彼の手によって現在見られる、「内篇（ないへん）」7、「外篇（がいへん）」15、「雑篇（ざっぺん）」11の計33篇に整理された。
　もともとは52篇から成っていたようだ。

　なかでも最初の2篇、「逍遙遊（しょうようゆう）第一」と成立年代が最古なのではないかという説もある「斉物論（せいぶつろん）第二」が広く知られている。

　この書物も、ほかの「諸子百家（しょしひゃっか）」の書物と同じく、荘子本人が語った思想や言動のみで構成されているわけではない。
　後世の研究者や荘子を信奉する思想家たちが積み上げてきた知恵なども含まれている。
　内篇が荘子自身の著作で、ほか2篇が弟子や"荘子学派"の手によるというのが通説だが、これすら確定的とはいえない。

奇想天外な書物『荘子』

　先に"釈明"をしておくと、この後に試みることになる解説は、意味を捉えづらい部分もあるはずだ。
　実は『荘子』は、全篇を通じて奇妙奇天烈な文章が多いことでも知られている書物だ。
　おとぎ話のような説明を持ち出し、ストレートな表現を使うことなく思想を展開していく。
　一例として、有名な『荘子』の冒頭を嚙み砕いて記そう。

　北の果ての暗い海に、小さな小さな魚の卵がある。それはどれほど巨大か想像もつかない。
　それがガラリと形を変えると、風の神様でもある鳥になる。その背中は、どのくらいの大きさか想像もつかない。
　この鳥が飛び立とうとして力いっぱい羽ばたくと、その広げられた羽根は空を覆い尽くす雲のようだ。
　この鳥は海が大荒れになると、南の果ての暗い海を目指して飛んでいく。
　南の果ての海は、天に浮かぶ巨大な池のことだ。
　世の中の不思議なことをよく知っている人物は、こんな説明をする。「鳥が飛び立つときに、はるか遠くまで大波が立ち、つむじ風を起こしつつ鳥が上昇する高度は果てしない。そして６月の上昇気流が吹くと、これに乗って南に飛び去るのだ」

　こんな感じで、物語調に自分の思想を語っていく。壮大でもあり突拍子がないものでもあり、しかし老子に由来する「道家」の思想を織り込んでくる。

　一部の研究によれば、この「鳥」は現世、あるいは現世に生きる人間

やその社会を指している。

　鳥を人間に置き換えれば、南の海へ向かう「道(みち)」を探す旅ともいえるし、そもそも「道」が指し示すゴールが「海」なのか「空」なのかわからないという「不確かな存在」ということを暗示しているようにも思える。

　または、この鳥のように想像もつかない高所から俯瞰(ふかん)して社会や自分を見る、という姿勢について説いた内容だともいわれる。

　このように、どちらかというと世俗的な例示や文言が少なく、精神世界などの説明も入るから、その意図を掬(すく)い上げようとすると、チンプンカンプンになりやすい。

　例えば、「あるがまま」「自然な姿」というようなものでも、荘子が何をもって「自然」とするのか、的確に拾うことは簡単ではない。

　ひとついえるのは、**精神世界での自由な振る舞いの重要性**を、荘子は強調している、ということだ。

☯「荘子」という人物について

　戦国時代の紀元前4世紀に生きたとされる荘子。

　名前を「周(しゅう)」といい、同じく「道家」としてくくられる老子の存在には架空説が根強いのに対して、荘子は高い確率で実在した可能性が高いとされている。

　孟子(もうし)とほぼ同時代を生きたといわれ、著作内の『老子』引用部分などから老子より新しい年代を生きた人物、という解釈が一般的だ。

　しかし書物としての『荘子』は『老子』より成立が古いのではないか、という説があり、場合によっては老子より先に生を享(う)けていた可能性も指摘されている。

　というのも同じ「道家」とされながら、荘子と老子の思想の間には

"師匠と弟子"のようにストレートで密接な関連性が濃くはないからだ。

　いずれにせよ荘子は、宋（そう）という国の、殷王朝（いん）の遺跡がある土地で生まれたらしい。数十キロメートル離れた場所に老子生誕の地といわれる場所もある。

　宋は小国で、周（しゅう）によって滅亡させられた殷とのつながりを持つ国であり、そのこともあって周辺諸国から一段低く見られるような存在だったようだ。

　このように、"過去の栄光"を持つ家系に生まれたことは、荘子が現実世界をジックリ観察するというよりは、それらを超越した精神世界に重きを置くという思想を育（はぐく）んだのかもしれない。
　つまり、現実世界から少し距離を置いたところでの思想を育むという「道家」の思想が芽生えたのではないか、という見方だ。

　ここで荘子は、地元の漆畑（うるしばた）を監督する役人として働いていた。やがて思想家の道を目指すようになり、『荘子』執筆へといたった。
　おそらく、現実世界を見れば見るほど、その不確かさや曖昧（あいまい）さなどが疑問に思われるようになったのだろう。
　それが、おとぎ話のような説明に置き換え、"行間を読ませる"ような難解な文章を執筆させるうえで影響していたのかもしれない。

『荘子』が示した理想とは

世の中のあらゆるものの価値は平等

『荘子』でも著名な「斉物論第二」には、何も知らずに聞けば近代思想と思えるような文言がある。

それが「**万物斉同**」で、「人類はみんな平等」どころか、**どんな人であれモノであれ、その間に価値の相違はない**、という主張だ。

世の中すべてのモノを、常識を含む偏見から離れたところで同じように見る。言葉にすれば簡単でも、これを実際にしようと思えば、相当に難しい。

しかし、荘子が主張していることは、体感的に理解できるはずだ。

というのも、世の中に「絶対」といえる存在などなく、状況が変われば、その価値や立場などは、どんな風にでも変わるからだ。

それは、リーマンショックで紙くず同然になった株券にしてもそうだし、古くはバブル経済で高騰し、後に暴落した土地の価格にしても、価値の"儚さ"を表現している。

絶大な権力を握っていた社長が株主総会でその座から引きずり降ろされることもあるし、会社の業績悪化などで思わぬ肩叩きにあうリスクは、サラリーマンであれば誰しも自分のこととして心にあるだろう。

そうして見れば、今ある株価や会社の純利益などという数字も、名刺に書かれた肩書きも、**何かの基準があって"そう見える"**に過ぎない。

この"基準"をなくせば、これらはすべて同じにしかならない……。

かなり哲学めいた発想だが、荘子が示したのは、そういう現実への視

点だったのだ。

老子の「道」という思想を深めた荘子

　老子が人の生きかたとして説いた「道」という概念は、「決まった形はない」というだけで、どうすればベストなのか、どうやって「道」を探せばいいのかという、具体的な実践についての老子自身による解説が、ほとんどないといっていい。

　ここに荘子はスポットライトを当てる。老子よりも具体性がない説明が多い印象の『荘子』だが、この部分については老子の思想を発展させるかのように説明を試みている。
　とはいえ、そこは荘子。かなり哲学的な説明で、やはり難解なのは変わりないが、かいつまんで説明すれば、次のような内容になる。

　周囲に影響を及ぼされていない自然のままの姿。現実世界で目にしたり耳にしたり触れたりしているモノや現象すら、何らかの影響を受けているが、それすらないところにある存在。
　そういう「自然者」「固然者」に因り循う「因循」することが大切だ。

　何やら一神教の宗教観にも似ているが、現実を超越したところに「道」を想定し、それと心の赴くままに触れ合うことの重要性を、荘子は説いている。

荘子がいう「遊び」の中身

　「逍遥遊」は、心の赴くまま気ままにのびのびと遊ぶ、というような意味だ。
　この「遊び」の場は、何も現実世界でのことをいっているのではな

い。

　例えば「美味しい」という感覚。
　グルメにうるさい人にとって、美味しい食を求めて歩くのは立派な「遊び」だ。これは、現実世界にある食物を現実世界にいる自分が口にして生まれる感情だ。
　しかし、荘子は、存在すらあやふやな現実世界でのこうした行動や感情を、「遊び」とみなしていない。
　その意味では、「妄想」することを勧めているようにも思える。

　ただ荘子としては、そうして**心を解放して精神世界で「遊ぶ」ことの重要性を説いているのだ。**
　これは、社会のしがらみや日常のストレスなどから精神を解放して、自由を愉しもうという姿勢だ。

> **其の愚を知る者は、大愚に非ざるなり。其の惑いを知る者は、大惑の非ざるなり。**
>
> それが愚かだと知る者は、救いようがないほど愚かな者ではない。その惑いを知る者は、とんでもなく優柔不断というわけではない。
>
> 知其愚者、非大愚也。知其惑者、非大惑也。

🌀 古代ギリシャの哲学とも通じ合う思想

古代ギリシャの哲学者ソクラテスの有名な言葉に「無知の知」というものがある。
「自分が無知だと知っている者は、本当の意味での無知ではない」
というような意味だが、ここに挙げた『荘子』の言葉も、似たような意味を持っている。

本当の救いようがない愚か者は、自分が愚かであるという自覚がまったくない。同様に、心底から決断力に欠ける人物は、自分が度を越えた優柔不断な性格であることを知らない。
そして、これらの人物は、自分が死ぬまで"真実"を悟ることがないとまでいい切っている。

まさしく「バカは死ななきゃ治らない」と『荘子』には書かれているのだ。

朝は三つにして莫れは四つ。

ご褒美は、朝は3つ、暮れ(夜)に4つ与えよう。

朝三而莫四。

☯ まったく同じことなのに違うように見える!?

「朝三暮四」という四字熟語で知られる『荘子』の中でも比較的、広く知られた文言だ。

猿回しの親方が、与えるご褒美について、猿たちに申し渡す。
「がんばってくれたら、朝は3個、夜には4個、君たちが大好きな木の実をあげるよ!」
ところが、猿たちはいっせいにブーイング。そこで親方は、
「わかったよ。それなら朝4つ、夜3つではどうだい?」
すると、猿たちはいっせいに歓声をあげた……。

トータル7個という内容は、まったく変わっていない。それなのに、「3→4」では怒り、「4→3」では大喜びする。
先に多くもらうほうが得という、猿たちの中にある"常識"が、彼らのブーイングを生んだのだ。

このように自分が持っている価値基準に縛られて、全体を見渡すことなく目先に見えている一部だけで判断する姿勢を、荘子は戒めている。

"基準"という概念を取り去ってしまえば、何もかも一緒。
そんな荘子の思想を、端的にいい表しているといえるだろう。

猿たちの挿話はバカバカしく滑稽に映るが、それでも私たちは、この猿たちを無条件に笑ってバカにすることはできない。

　というのも、「結局は同じことじゃないか！」とツッコミを入れられた経験を持つ人は、意外と多いはずだからだ。

　例えば仕事や家事などで、いくつかの作業を並行しようというとき。
　優先順序というものを無視すれば、たいがいは順番を入れ替えても最終的に得られる成果は同じになるはずだ。
　しかし、自分の中に何かの固定観念があると、その順序立てをその固定観念にもとづいて決定してしまいがちだ。
　それを周囲が見たとき、「順番なんて関係ないじゃないか」と笑われたりする場合もある。

　こういう"基準"による、荘子によると無意味な判断というのは、私たちの日常に、意外と数多く潜んでいる。

鑑明らかなれば即ち塵垢止まらず、止まれば即ち明らかならざるなり。

鏡が磨かれて表面がピカピカならホコリはつかないが、ホコリがつけば鏡面は曇る。

鑑明即塵垢不止、止即不明也。

☯ 有名な「明鏡止水」の語源その真意は？

　この文言と、『荘子』でこの少し手前に掲げられた「人は流水に鑑みるなくして、止水に鑑みる」という文言を合成して生まれた四字熟語が、誰もが一度は触れたことがあるはずの「明鏡止水」だ。

　表題の文言は、「鑑」という言葉に、自分の精神世界や自身の存在などといった、『荘子』でたびたび言及されるものを仮託している。
　つまり、一点の曇りもない清らかな精神は、汚れた邪念を寄せつけず、一度でも邪念が生じてしまえば、精神や存在から清らかさが失われる、ということだ。

「人は流水に～」については、
「水を鏡代わりに使おうというとき、人は誰でも流水ではなくどこかに貯められて静止状態になった水を使う」
　という意味だ。
　一見すると当然の話なのだが、実は奥が深い。

　流れている水は、その表面が歪んでいて、自分の顔をハッキリと映し出してはくれない。まったく動きがない水でこそ、自分の姿をそのまま

映し出す。

　これは、自分の存在や精神状態を省みるとき、その姿を正しく認識させてくれるものに映し出さなければならない、という教訓でもある。
　例えば、
「周囲から、こういう風に思われる人間でありたい」
　という願望が強いと、それがバイアス（偏り）となって、本来の自分とかけ離れた姿を"真実の姿"だと誤認してしまうかもしれない。

　その意味で、「止水」というのは「明鏡」と表裏一体の関係を持つ。

　曇りなき清らかな精神を保っているかどうかを自分自身で見極めるためには、何の歪みもなくありのままを映し出してくれるものを用いなければならないといえる。

　すると、「明鏡」は「止水」に映して見るべきもの、ということになる。あるいは、「止水」でなければ「明鏡」は見ることができない、ということでもあろう。

　こうして多くの辞書に載っているような、「心に曇りがない状態」「無心の境地」という意味になるわけだ。

人みな有用の用を知るも、無用の用を知る莫きなり。

人はみな、目に見えて役立つモノを「役立つモノ」と知っているが、役に立たないように見えて役に立っているモノを知らない。

人皆知有用之用、而莫知无用之用也。

☯ 明らかに「役に立つ」というのは困りもの

　例えば、とびきり美味しい肉料理が食べたいとしよう。そのとき、好んで選ばれるのは、高い等級の牛肉だったり、ブランド名が冠された豚肉だったり、こだわりの育てかたをされた鶏肉だったりするはずだ。

　このような牛や豚、ニワトリは、「役に立つ」ということが周知されている。だから率先して選ばれるわけだが、これは同時に、選ばれる牛馬やニワトリが"命を落とす"高いリスクを背負っている、という結果を生んでいることにもなる。

　だから荘子は、これでもかといわんばかりに「役立つ」としても、そのことが知れ渡るリスクを避けようと主張する。

　世の中には、無駄に見えて一定の役割を果たしている、という事例が数多い。用途がなさそうに見えて重要な働きをしているものもある。

　例えば口蓋垂（俗称・のどちんこ）。
　昔は「何のためにぶら下がっているの？」という扱いだったが、今では異物やウイルスなどが直接、肺に侵入することを防ぐ働きがあると知られている。

また、お菓子などを作るとき、甘みを増すためにひとつまみ入れられる塩も、本来の「しょっぱくする」という働きからすれば甘くするうえで「無用」のはずだが、キッチリ"仕事"をしている。役に立っている。

　野球で足に自信のある一塁ランナーが、盗塁する気もなくヒットエンドランのサインが出ているわけでもないのに、ピッチャーが投球モーションに入るとスタートを切る。
　この動きなども、何も知らずに見ていれば「無駄に走ってバカみたい」となるだろうが、実は違う。
　ダッシュする姿を投手の視界に入れて惑わし、意表を突かれた捕手がパスボールするなどのミスをする可能性を上げることを狙った心理的な攻撃だ。

　荘子が目指す思想家としての自分のポジションは、口蓋垂や野球の一塁ランナーのようなものだ。
　目立たないから、地位を脅かされたり命を狙われたりするリスクから逃れられ、しかし、人々を教化する優れた思想を秘めている。

「荘子」は、"認知されていないけど役に立つモノ"を目指そうするし、そういう存在があることを多くの人が知らないという現実を、嘆いてもいるといえる。

荘周、夢に胡蝶と為る。

私は夢の中で胡蝶となってヒラヒラ飛んでいた。

荘周夢為胡蝶。

☯ 夢と現実どちらがホンモノ？

　夢の中で空をヒラヒラと舞うチョウチョ。それは自分の姿だった。
　何とも幻想的な夢だが、荘子はここで考える。
「**果たして、夢の中のチョウチョの自分と、そういう夢を見ていたと思っている人間の自分。どちらが本当の自分なのだろうか？**」

　夢と現実の区別がつかなくなっているわけではない。
　夢の中のチョウチョは、自分が「荘周」という名前を持つ人間であることを忘れて、優雅に舞っている。なのに、目覚めたら「荘周」という人間が、そこにいる。

　こうして、本当は同じ存在のはずなのに、ひとつの形に留まらず転々と姿を変える。胡蝶も人間の荘周も根本的な区別はなく、夢も現実も、**本当は区別する意味がない。**
　体感していることを、ありのままに受け入れて「無為」に生きよう。

　これが彼のいう「精神世界で遊ぶ」ということだ。

❺時間目の補講
まだある『荘子』が出典の格言

『老子』と比べて収録されている文字数も多い『荘子』は、「無用の用」を地で行くような、知られざる格言の宝庫でもある。

慣用句として使われて知名度が高い文言をいくつかピックアップして、シンプルな解説を添えてみたいと思う。

◆莫逆(ばくぎゃく)の友

「道」を極めた４人が集まった。

そのうちのひとりが「理想の人間像」について質問する。

すると全員が声を発することなくニッコリ微笑(ほほえ)み、互いにうなずき合った。言葉に出して返事をしなくても、思いが一致していると通じ合う。言葉がないまま、お互いの胸中が同じだと確認し合えたのだ。

心が通じ合っている４人は、親友として付き合うことになった。

◆唇なければ歯寒し

いうまでもなく唇がなければ歯は直接、外気に触れる。

唇があれば常に"屋内"でヌクヌクと過ごせるが、こうなると裸になったようなものだ。

この唇と歯のように表面上は無関係そうでも、実は深い関係にあることがある。

◆顰(ひそみ)に倣(なら)う

周囲に知られた絶世の美女が、心臓を患(わずら)う苦しさから眉をひそめた。

これに美しいと見惚(ほ)れた近所の女性たちが、マネして眉をひそめるが、滑稽ならまだしも不気味にすら見える者が多い。

やがて、美しさの根源を悟れなかった彼女たち"猿マネ軍団"は、近所から敬遠されるようになる。上辺だけのマネで本質を理解しないことを戒(いまし)めた言葉だ。

6時間目
韓非子に学ぶ「法家」の教え

「韓非子」についての基礎知識

『韓非子』って、どんな書物？

　韓非の著作とされる『韓非子』だが、本来は『韓子』という書名だったらしい。しかし唐代の詩人で「韓子」と称される韓愈と区別するため「非」が入れられるようになり、現在では『韓非子』の書名が一般的だ。

　20巻55篇という構成で、これは後漢時代の記録でも同じだから、少なくとも紀元1世紀前後に知られていた内容と今日のそれは、あまり違いはないといっていい。

　ただし、ほかの「諸子百家」の書物と同様、『韓非子』も全部が本人の手によるものではない、という見方が学界の定説だ。

　有力な説に従えば、**本人の手によるものは6篇**。「孤憤第十一」「説難第十二」「和氏第十三」「姦劫弑臣第十四」「五蠹第四十九」「顕学第五十」がそうだ。

『韓非子』は、いつごろ成立した？

　韓非の発言や主張を後代にまとめた内容がベースとなっているが、後世になって韓非の思想に共鳴して研究を進めた人々の著述や解釈、韓非の思想に携わる、韓非本人を含む人々の説話などが組み合わされてできたのが『韓非子』。

　その成立は前漢時代といわれ、韓非の生きた時代から400年ほどの隔

たりがある。

『韓非子』で展開されている思想は？

『韓非子』は、理想とする政治や社会を訴えるというよりは、現実を直視してそれに対応しようとする**リアリズム**の精神が色濃く出ている。

現実を無視するかのように運営されている国家や、浮世離れしているとしか思えない思想による政治に、嫌気が差していたのだから当然だ。

師匠が「性悪説」の荀子であることも、大きく影響していただろう。
韓非もまた、情などによって大きく揺れ動く人間という存在を、信用してはいない。
彼が信じるのは、情などの不安定な要因に左右されない「**法律**」だった。法律を条文どおりに運用していれば、不公平も不条理もない。

だから、**理想とする君主の条件は、法律を厳格に運用できることのみ**とした。特筆されるような資質や才能を持った人物だと、自分の能力に頼ってしまって、法律の厳正な運用ができなくなる可能性もある。

その意味で、**主導的に何かをしない「無為」**が、韓非の求める理想の君主像だった。

韓非の生い立ちと『韓非子』執筆まで

☯ 上流階級出身だった韓非子

　韓非は紀元前3世紀の人物。韓という国の公子として生まれたから、「諸子」の中でも最上級に近い血筋を誇っていた。

　そんな彼は若いころ、後に始皇帝の右腕として大活躍する李斯とともに荀子のもとで学ぶ生徒でもあった。

　吃音だったらしく弁舌が鮮やか、というわけではなかったが、学問が好きで、特に文章を書く才能は頭一つ抜きん出ていた。
　李斯が韓非の才能には敵わない、と認めていたほどだから、ポテンシャルの高さもうかがえようというものだ。

　彼は自分の国の行く末を憂いている青年でもあった。そこで国の改革を盛んに訴えるのだが、王は取り合ってくれない。

☯ 理想と現実の間で揺れる韓非子

　彼の怒りは、特に儒者に向けられる。
　韓非は、国を全うに運営するためには法の整備が必要で、それによって王の権威を高く維持し、また、国を富ませて強い軍隊を編成するためには、能力本位の人材登用も不可欠だと考えていた。

　ところが現実には、儒者が言葉巧みな弁舌で法律の厳格性を失わせている、というように見えたからだ。

嘆（なげ）く韓非が求めた道は文筆だった。現実を見据えた冷徹な社会観察で、**儒者が主導する政治を否定**するのだ。

　それは厳格な法の運営で今までとまったく異なる統治をしようと考えていた始皇帝と、そのブレーンでもある李斯にとって、"使える"思想だった。

　特に始皇帝は、家臣から手渡された韓非の著作を一読すると、
「この者に会えれば、心残りはない」
というほど心酔。
　李斯もまた、自分が敵わないと思っていた旧友の著作から、数多くの引用をして始皇帝に進言していた。

思想を受け入れられたはずが……まさかの誅殺

　ところが韓非は、その始皇帝と李斯の手により誅殺（ちゅうさつ）されてしまうのだ。

　韓非をぜひ手許に置きたいと考えた始皇帝は、韓を攻め滅ぼして身柄を確保しようとする。
　すると、それまで韓非の進言に聞く耳を持っていなかった韓王は、韓非の頭脳を頼ろうとする。彼を使者として秦（しん）に派遣し、戦争を回避しようとした。

　始皇帝は思いがけず来訪した"意中の人"の姿に喜んだ。しかし、あれだけの文才がある人物だけに、言葉巧みに何かの罠を仕掛けてくる可能性は否定しきれない……。

　そんな疑念があるところに、李斯が耳打ちする。

「あの者を家臣に引き入れても、出自からして心から忠誠を誓うとは思えません。そうかといって国に帰せば、やがて災いとなって立ちはだかるでしょう」

　こうして厳格な法の運用を訴え、始皇帝を魅了してきた韓非は、秦の法律にもとづいて処刑されてしまったのだ。

其(そ)れ物は宜(よろ)しき所あり、材は施す所あり。

物に、それに見合った使い道や置き場所があるように、人材や才能にも配するべき適切な部署や処遇の仕方がある。

夫物者有所宜、材者有所施。

◆ "自然体"でこそ「適材適所」になる

　原典で韓非子は、次のように続けている。
「それぞれが適切な配置や扱いをされていれば、上に立つ者は特にすることもなくなる。ニワトリに夜明けを告げさせ、猫にネズミを捕らせるように、備わっている能力を活用すれば、上に立つ者は、いちいち細かいことを気にせずにすむ」

　「適材適所」とはよく使われる言葉だが、韓非子に従えば、それは**「自然の摂(せつ)理(り)に従う」**ということだ。自然の摂理、すなわち自然の法則であり、自然界が持つ"法律"といってもいい。

　部下を活用するのに、上に立つ者が必要とされるのは、**「自分の長所に対する自意識」**を持たないことだという。
　このような自意識があると、「適材適所」を心がけていても、不要な手出し口出しをしてしまう恐れがあるからだ。
　そうなると、「することがある」「細かいことを気にする」ということになり、韓非子がいう意味とかけ離れてしまうといえよう。

> **人君たる者は、しばしば其の木を披き、木の枝をして扶疎ならしむなかれ。扶疎なれば、将に公閭を塞がんとす。**
>
> 人の上に立つ者は、しばしば木の枝払いをして、枝が四方に伸びきらないようにするべきだ。木の枝が四方に伸びきっていると、視界が狭められてしまう。
>
> 為人君者、数披其木、毋使木枝扶疎、木枝扶疎、将塞公閭。
> 辞譲之心、礼之端也。是非之心、智之端也。

☯ "断捨離"にも通じる整理の重要性

　一時期、「断捨離」という言葉がブームとなったことを、覚えている読者も多いだろう。
　不要なモノが入ってこないように"断ち"、不要なモノを"捨て"、モノへの執着から"離れる"という意味で、元ネタはヨガの修行だ。

　ここで韓非子が述べている「木の枝」とは、上に立つ者の周囲にいる人間たちの比喩だ。
　つまり、人の上に立っているなら、不要と思われる人物を無理して自分の周りに置くことは意味がなく、状況の変化に応じて人脈・人員を整理しなさい、という教えだ。

　なぜ、それが必要かというと、いたずらに権力のそばに長く留まっている人物は、しだいに権力を帯びるようになるからだと、韓非子は説

く。
　そのうちに、名目上のトップである自分の周囲から人が去り、実質的なトップとして振る舞うその人物の周囲に人が集まり出すと警告している。

　自分にそれだけの影響力がないうちはおとなしくしていても、自分に一定の権力やカリスマ性がついたと自覚すれば、反乱を起こすリスクも考えられる。

　そのため、**状況に応じて人員を整理し、不要な二重権力構造が生まれないように注意**しなければならないといえる。

　これは私たちの生活の中でも、比較的ありふれた光景ではないだろうか。
　長きにわたってナンバー２に甘んじていた人物が、いつの間にか影響力を蓄えて、トップに取って代わろうというクーデターを起こす。
　身近なところでも、ただ在職期間が長いというだけで、ふんぞり返っているような人物は見られるだろうし、なかにはトップの威光を笠に着て威張り散らす輩(やから)だっているだろう。

　これらは、早めに払っておくべき「枝」だ。

　この人員整理は、よくいわれる"リストラ"と同じ意味ではない。前項で紹介した「適材適所」に通じる発想だ。
　これを適切にしておかないと、組織内の規律が乱れる。「法家(ほうか)」にとって、規律の乱れは何にも増して防止する必要があった。

韓非子に学ぶ「法家」の教え　　145

> ## 不賢にして賢者の師となり、不智にして智者の正となる。
>
> 自分が賢くなくても、賢い人たちの知恵を活かせば、その集団の先生になれる。自分に知恵がなくても、知恵がある者たちの中心に立てる。
>
> 不賢而為賢者師、不智而為智者正。

☯ 自分にない才能の持ち主を集めて活用する

　リーダー哲学の世界に「マスターマインド」という言葉がある。
　アメリカの鉄鋼王でUSスティールなど数多くの企業を立ち上げたアンドリュー・カーネギーの人材活用術、その軸となる思想だ。

　カーネギーは、各自が何かのスキルを持つ人材を集めたグループを作り、彼らに最適な仕事を振り分けることで、莫大な富を築き上げた。
　カーネギー自身が認めるように、彼は万能の経営者ではなかった。しかし、自分が持っていない才能やスキルを効果的に活用することで、自分だけでは到底、実現が不可能だった偉業を成し遂げていった。

　そういった意味では、今日、カーネギーは偉大な経営者として歴史に名を刻んでいるが、これこそ「不賢にして賢者の師」を実践した模範的成功例といってもいいだろう。

　ある意味では、カーネギーが実践したことは特異でも何でもなく、組織というものが存在していれば、そこには必ず、「不賢にして賢者の師」となることを求められる場面は珍しくない。

例えばソニー創業者の井深大（いぶかまさる）は学生時代から発明が好きで、若いころから新技術や独創的な技術の開発に余念がない人物だった。
　その井深の才能を世の中に浸透させるうえで重要な役割を果たしたのが、営業の才能に秀でていた共同創業者の盛田昭夫（もりたあきお）で、この両輪がうまく噛み合ってソニーは隆盛を極めた。

　このふたりは、ともに"自分にはない"スキルを持っていて、お互いがそれを活用し合うように機能した。

　それは、技術という側面で見れば盛田が「賢者の師」であり、営業面で見れば井深が「賢者の師」だったということになる。

　「不賢の師」になるためには、「賢者」との信頼関係が十分に構築されることも必要で、そのためにもやはり、"自意識過剰"は慎まなければならないだろう。
　相手を認めて立てて、同様に相手からも認められ立てられる。そうした関係になれれば、自（おの）ずと「賢者の師」になれる道も開かれるはずだ。

人主その富を用うるあたわざれば、外に終わる。

自分が持っている"財産"を自分で活用できないなら、国外で寂しく死ぬことになる。

人主不能用其富、即終於外也。

☯ 自分の運命を人任せにしないことの大切さ

韓非子は、「自分自身が、最も貴い」「自分の地位には、最も威厳がある」「リーダーの権威は、最も重い」「自分たちの勢いが、最も盛ん」という4つを「素晴らしい状態」だと説く。

そのうえで、それらを含めた自分の"財産"を自分で活用できないようでは、寂しい最期を迎えることになりますよ、と警鐘を鳴らしている。

この4つは、他人に任せて手に入れたりする性質ではなく、自力で手に入れるべきもの。そして自力で手にしたものを、他人に使わせる必要などない。これはサラリーマン社会にも当てはまる。

それなのに、自力で入手した「素晴らしい状態」をみすみす他人に渡してしまうとしたら……。
自分の価値がなくなり、地位は奪われ、権威は低下し、勢いを失う。
その結果、国外（社外）に追放されてひっそり死ぬ羽目に陥ることになるという戒めだ。

❻時間目の補講
『韓非子』に由来する私たちに身近な言葉

　『韓非子』も、本書に登場するほかの書物と同じく、さまざまな場面で好んで引用される文言がいくつもある。
　ここでは、私たちの耳目に馴染んだ『韓非子』ゆかりの格言に触れてみよう。

◆矛盾
　どんな矛にも突き破れない盾と、どんな盾でも防ぐことができない矛。
　両者を戦わせたら一体どうなる？
　相反するふたつの理屈、どちらを立てても、もう一方が成り立たない。
　そんなジレンマを指して、よく使われる言葉の代表格だ。

◆狡兎尽くれば良狗烹らる。敵国滅ぶれば謀臣亡ぶ
　「狡兎」は「ズル賢いウサギ」で、暗示しているのは明確な敵のこと。「良狗」は"良質な猟犬"で、暗示されているのは有能な家臣のことだ。
　敵らしい敵がいなくなったら、敵を倒すのに貢献した有能な家臣は殺される。
　同様に敵国が滅びれば、自国の勝利を支えてきたブレーンも一緒に滅び去る。
　江戸幕府を開いた徳川家康は、戦乱の世が終わりを告げると、武功に優れた家臣を巧みに遠ざけ、行政手腕に秀でた家臣を重用するようになったが、時代の変革期には、滅亡までいかなくても組織の改編で同じ

ようなことが起きる。

　このように多大な功績を残した幹部が追放されるケースは、現代社会にもよくあることだ。

7時間目

孫子に学ぶ「兵法」の教え

『孫子』についての基礎知識

ふたりの「孫子」

『孫子』という書物には2人の著者がいる。ほかの「諸子百家」による書物は、"開祖"といえる著者がひとりいて、その弟子や後代のシンパによる著述なども組み合わされる、という形式がメインだが、『孫子』については、2人の共著でも何でもなく、基本的には独立した2つの書物だ。

『孫子』に2人の著者がいることは、司馬遷が『史記』で、すでに書き残している。
　それによれば、司馬遷が知る『孫子』は2種類あり、それぞれ**『呉孫子』『斉孫子』**と名付けられていた。

『呉孫子』は、春秋時代末期の呉に仕えた**孫武**という人物による兵法書で**全13篇（82巻＋図9巻）**。
『斉孫子』は、戦国時代中期の斉に仕えた**孫臏**という人物による兵法書で**89巻＋図4巻**。

なのに『孫子』とひとつの書名で語られているのは理由がある。
　2つの『孫子』が、そのまま現代まで普通に読むことができる存在であれば問題なかったのだが、残念ながら『孫子』は散逸してしまい、元の状態を留めることができなかった。
　漢の時代には国家公認の図書目録に両方とも記載されているのに、隋の時代になると、孫武のそれしか見当たらなくなった。

そこで『孫子』の本当の著者は誰なのか、決め手となる史料に恵まれず、長い間、論争が交わされてきた。

2人の著者候補のうち、どちらが著者でもその著者名が「孫子」であることに変わりはないし、候補者2人がそれぞれ「著者かどうかも怪しい」存在として見られてきた、という厄介な経緯もあった。

そこで現代にいたるまで、『孫子』の著者については、以下のような学説が互いに競い合っていた。

①現代に見られる『孫子』は全部が孫武の著作
②『孫子』の熱心な研究者でもあった『三国志』の英雄・曹操（魏の武帝）が、自ら注釈を施した『魏武帝孫子』を作成するにあたり、孫武著とされる部分13篇のみを抜き出したものが、現代にいたる
③内容的に戦国時代の著作と見るのが自然なため、戦国時代に誰かが書いて著者を「孫武」にした
④現代に見られる『孫子』は全部が孫臏の著作

やがて、内容から見て、書かれた時代は戦国時代がふさわしい、という見方が学界でも有力になり、③④が有力視されるようになっていく。

ところが……！

論争に終止符を打つ世紀の大発見

1972年。山東省での発掘現場から、前漢時代の竹簡が大量に出土する。その数およそ5000枚。竹簡とは、紙が発明される以前にその役割を果たした竹製の木板だ。

何より研究者を驚かせたのは、その多くが兵法に関する内容だったということだ。

ここに孫武作だと司馬遷が書いた『孫子（呉孫子）』が、現代に見られるような内容で含まれていたのだ。
　さらに、竹簡の中には、「孫臏」の手によると特定できる兵法書も含まれていた。

　これにより、長きにわたった論争は終止符が打たれることになった。
　春秋時代に孫武が著した『孫子（呉孫子）』は存在し、それとは別に孫臏が著した『孫子（斉孫子）』も存在したのだ。

　とはいえ、問題のすべてが解決されたわけではない。
　『呉孫子』は、そもそも孫武の著作をベースに、孫臏が手を加えたものかもしれない、という疑いが残されているからだ。
　すると、『呉孫子』は、あくまでも『斉孫子』の一部、ということになる。

　「孫子」という著者が２人いる、という点では疑問が解消されたわけだが、『孫子』という書物が２つあるのかどうかは、まだ確定的な答えが出されたとはいえないのだ。

現代まで『孫子』は多大な影響を与え続ける

　いわくつきの書物といえる『孫子』だが、その影響力は、もしかすると本書に登場するほかの書物と比べものにならない大きさを誇っている。

　中国に限らず日本でも、軍事にまつわる基本的な教科書として使われてきたのは、よく知られた事実だ。
　日本でいえば、戦国時代屈指の人気を誇る「甲斐の虎」武田信玄が掲げた旗印には、『孫子』の一節から採られた「風林火山」の文字が躍っ

ていた。

　もっと遡れば、例えば「恵美押勝の乱」や坂上田村麻呂による蝦夷平定などにも『孫子』の兵法が応用されていたというし、源氏隆盛のキッカケを作った八幡太郎義家も、「前九年の役」「後三年の役」で『孫子』を活用したという。
　この義家の子孫のひとりが武田信玄だ。甲斐武田氏は「甲州流軍学」を用いたとされるが、その根底には『孫子』があったわけだ。
　また、後醍醐天皇をよく補佐したことから戦前には「忠臣の鑑」とされていた楠木正成も、その駆使した軍略の基本に『孫子』を置いている。

　江戸時代に入っても、初代将軍・徳川家康が『孫子』信奉者だったことも手伝って、日本国内では『孫子』の研究が続けられた。
　今日では儒学者として知られる林羅山にせよ新井白石にせよ、儒教とともに『孫子』も学んでいたほどだ。

　本場・中国でも、冷戦前期の絶対的な指導者で、「文化大革命」を主導した毛沢東が、やはり『孫子』をベースとして、それを現代に応用する形で、『持久戦論』などの、さまざまな著作を書いている。

　このように現代にいたるまで、近代ヨーロッパの兵法家クラウゼヴィッツが著した『戦争論』と並び、兵法を学ぶ者にとってのマストアイテムとされることが多い『孫子』。

　日本の自衛隊はいうに及ばず、アメリカ陸軍などでも戦略・戦術研究の教科書として『孫子』が使われているのだから驚くばかりだ。

2人の「孫子」その生涯

☯ "初代"孫子の孫武が仕官できたキッカケ

　本書では便宜上、孫武を"初代"として扱う。
　この初代は、春秋時代末期の呉に仕えた将軍、ということはわかっているものの、詳しい来歴は不明だ。ここでは『史記』の記述をベースに、生涯やエピソードをたどりたい。

　孫武は斉に生まれた。早くから兵法書を著していたらしく、それを読んだ呉王・**闔閭**（闔廬とも書く）に請われて出仕する。

　軍団の訓練を実地で見せてほしいといわれた孫武が、それを承諾すると、闔閭は「素人の女でも可能か？」と意地悪な質問をしてきた。
　これにも「イエス」と即答する孫武。

　闔閭のそばに侍る美女180人が兵士役として駆り出され、特に王のお気に入りだった女性2人をリーダーに、まずは2グループにわけられた。

　号令の種類などについて説明を終えた孫武は、合図の太鼓を鳴らしながら号令する。しかし美女たちは、バカにしたように笑うだけで動こうとしない。

　孫武は、
「私の号令が理解できなかったようだ。これは私の責任だ」
　そして号令を説明し直し、再び太鼓を鳴らして号令する。

それでも美女たちは先ほどと同じく笑うだけで動かない。

「今回は全員が号令を理解しているはず。なのに命令を聞かないのは、リーダーの責任だ」

そういうと孫武は、止める闔閭の言葉も聞き入れず、リーダー役２人を斬り殺してしまった。そして、

「現在、ここにいる軍団を私は将軍として指揮しています。将軍は戦場にいるとき、たとえ王の命令でも聞き入れられない場合があります」

闔閭に、このような説明をする。

そして殺した２人に次いで闔閭の寵愛を受けている２人をリーダーにすると、再び号令をかけた。

当然だが今度は美女軍団も真剣そのもの。孫武の号令に違わず動く。

この演習が終わると、孫武は闔閭に、

「王は理論上の兵法は得意でも、実践は不得意なようですね」

といい放つ。これで闔閭は孫武の理論と手腕を信じ、将軍として取り立てることにした。

辺境の後進国を強国に雄飛させた軍事手腕

闔閭は即位３年目にして、北西の仇敵・楚を攻めた。もちろん孫武も従軍している。ここで孫武は、勢いのままに進軍を続けようとする王に対し、軍団や国内の疲弊を理由に撤兵することを進言している。

やがて楚が"仕返し"しにきたが、呉は簡単に蹴散らすことに成功。

さらに数年が経ち、国力が充実した呉は、再び楚を攻めるのだが、闔閭は孫武たちの進言をいれて楚に恨みを持つ周辺国家と協調。国の全兵力で攻め込み、楚を撃破することに成功する。

孫子に学ぶ「兵法」の教え　157

この間、闔閭は夫差(ふさ)を後継と定めていた。その夫差は、孫武にとって王として認められる性格ではなかった。
　闔閭は決して優秀ではないが、配下の意見に耳を傾けるという長所があった。だから軍事面では、孫武の意見を素直に採用してくれたのだ。ところが夫差は傲慢(ごうまん)さが目立つと孫武は思っていた。

☯ 自分の引退後に国は絶頂からどん底に

　彼が王となれば国の行く末は危ういと考えた"初代"は、代替わりを前に辞任を申し出た。もちろん闔閭は慰留(いりゅう)したが、孫武の決意は固い。
　こうして隠居地を与えられた"初代"は、そこで兵法の先生をしながら余生を暮らすことになった。

　この後、呉は、越(えつ)の代替わりに乗じた無謀な作戦を展開するなどして、ジワジワと国力を低下させてしまう。越との戦い半ばで急死した闔閭の跡を、予定通りに夫差が継ぐ。

　孫武の活躍もあって呉は一躍、強国として時代の最前線に躍り出た。夫差は、闔閭の遺言を忠実に守って越への復讐を見事に果たし、ついには「春秋五覇」のひとりに数えられる。
　だが、夫差は得意の絶頂で宰相(さいしょう)などと反目するようになる。
　そして夫差の次に「五覇」に名を連ねることになる越王勾践(こうせん)から"リベンジのリベンジ"を見事に食らい、呉の勢いは消し飛んでしまった。

　その知らせを"初代"が耳にしたかどうかは、定かではない。

☯ 若き日の"２代目"孫子の孫臏(そんぴん)

　"２代目"もまた、その生涯は不透明だ。そこで"初代"同様、『史記』

の記述にもとづいて、彼の生涯やエピソードを追ってみよう。

　孫臏が生まれたのは、"初代"の死から約100年後。
　彼は"初代"の子孫で、どうやら代々が兵法を生業とする家系に生まれたらしい。成人に達するまでに、父から兵法や武芸について、一通りのレッスンは受けていたようだ。
　特に兵法については、家伝といえる教えを叩きこまれている。
当然のように生まれた国も"初代"と同じ斉だった。

　孫臏は、父から兵法家として大成するために、諸国を巡るほうがいい、といわれていたし、一門も彼が名声を博すことに期待を寄せていた。
　それに同時代には、兵法家として名を轟かせていた楚の将軍・呉起もいた。彼のもとに身を寄せて、さらに兵法に磨きをかけるという選択肢も魅力的だった。
　そのため有力候補として楚はあったが、いきなり楚ではなくても、国を出て仕官先を探したいという思いはあっただろう。

☯ 罠にかかって罪人にされて……

　めでたく呉起の弟子になれた孫臏には、自分と同じく兵法を学ぶ同門の学友がいた。
　その彼は"２代目"に先んじて魏に仕官することができ、その国の将軍となった。しかし、自分など足元にも及ばないと感じていたその学友は、孫臏を魏に招こうと思い立つ。

　しかし、"２代目"が魏にやってくると、その才能を恐れていた学友は、才能を活かされれば自分の立場がなくなると考え、無実の罪を孫臏にかぶせてしまった。これは計画だった。
　師匠から可愛がられ、門下生仲間からも慕われていた孫臏を、彼は内

心、憎々しく思っていたのだ。

　孫臏は両足を切断され、さらに罪人の証である入れ墨を顔に施された。学友は、こうすれば外に出てこられなくなる、と考えたのだ。
　実は「臏」というのは、足を切断する刑罰、を意味している。

　孫臏が受刑者としての日々を過ごしていたある日。
　斉の使者が魏の首都を訪れる。孫臏は、この使者と密かに会う算段をつけることができた。孫臏の持論に耳を傾けていた使者は、その受刑者がただモノではないと感じる。そして使者は、孫臏を密かに斉へと連れ出すのだ。

☯ 競馬で"必勝法"を授けて軍師になる

　当時の斉には田忌（でんき）という名将がいた。彼もまた、孫臏の才能を見抜く。孫臏を客分として遇した彼は、3頭の馬を使って3回レースをする賭け事で、"2代目"のアドバイスに従って快勝した。そして田忌は、いよいよ王に孫臏を推挙する。
　孫臏の弁舌に感じ入った王は、そのまま彼を師匠とするのだった。

　馬レースで田忌を勝たせた孫臏の戦略は、次のようなものだった。

　まず"2代目"は、出走予定の馬には、能力に「上中下」の3ランクがつけられると判断。相手の「上」に自分の「下」を当て、同じく「中」には「上」を、「下」には「中」を当たらせた。こうすれば、3レースして結果は2勝1敗。確実に1敗するが、そのおかげで確実に勝ち越せる。

　この後、"2代目"は主に田忌が将軍として出陣するときに軍師として同行した。そのとき、彼が授けた作戦には、以下のようなものがあ

る。

- 相手の弱点を突いて戦意を低下させて、相手に自ら撤兵させる
- 勇敢(ゆうかん)だと自認している相手が自軍を臆病(おくびょう)扱いしているとき、それを逆手に取って自軍に多くの脱走者が出ているように偽装し、おびき寄せる
- 夜間に敵が通る場所へ挑発的な文面を書いた罠(わな)を置き、それを読もうと明かりを灯したタイミングで、周囲に伏せていた弓兵が一斉射撃

　特に最後の作戦は、魏を相手にした戦いにおいて、かつて彼を陥れた元学友を討ち取るものだった。
　これがキッカケで魏軍は混乱し、斉は王太子を生け捕るという戦果を挙げて大勝した。

　孫臏は、一門の期待に見事に応えて凱旋(がいせん)した。
　そして間もなく、引退したいと願い出る。田忌も王も、もちろん慰留に努めた。しかし"2代目"の決意は固い。このあたりは"初代"とも似通っている。
　郷里に戻った孫臏の晩年の生活ぶりと没年は、ハッキリとしていない。

2人の「孫子」その共通点

　"初代"孫武にせよ"2代目"孫臏にせよ、共通しているのは**"よき理解者""よき上司"と巡り会えた幸運**ではないだろうか。
　呉王・闔閭も斉の宰相(さいしょう)・田忌も、自分が認めた人物の才能を信頼し、軍事については大幅に権限を渡し、その助言によく耳を傾けている。
　特に"2代目"は、体に罪の証拠まで刻まれた受刑者だった。

これは、日米でスーパースターとなったプロ野球の安打製造機・イチローが、プロ入り後に置かれた境遇にも似ている。

普通なら矯正(きょうせい)されてもおかしくない特異なバッティングフォームに、あえて注文をつけず、「個性」を尊重したのは、当時の所属チームを率いていた監督の仰木彬(おおぎあきら)(故人)。

おかげでイチローは「振り子打法」を武器に、日本でもアメリカでもヒットを量産。ついには2016年のシーズンに、日米通算ながら世界最多の安打記録と、メジャー通算3000本安打を達成している。

イチローのように、自分が持っている資質や能力を認められて大活躍できるケースもあれば、逆に認めてもらえず資質や能力を発揮できないまま終わってしまうケースもある。

これは社会でもよくあることだろう。

2人の孫子はともに、自分を認めてくれる、しかも、その人物が能力を発揮するにふさわしい舞台を与えてくれるポジションにある人、と同時代に出会えた幸運を持っていたといえる。

そうでなければ、今日の私たちに「孫子の兵法」は伝えられなかった可能性だってあったのだ。

2人の「孫子」その思想の相違は？

2つの『孫子』が語る"戦争論"

『孫子』は兵法書だ。だから書かれている主な内容は軍事的なノウハウやハウツーといったものだ。

しかし、『孫子』は戦争を推奨（すいしょう）する書物ではない。
戦いは好まないけど、戦わざるを得ない状況に置かれたら……。
こうした前提で、戦うからには負けるより勝つほうがメリットは大きいと考え、その勝つための算段を教えてくれる、という内容だ。
この点で、「戦争は政治の手段」と論じる、近代以降の西洋軍事思想とは、発想の出発点が異なっているといえるだろう。

そのため『孫子』には、

・起こさなくてもいい戦争はできるだけ避けるように努める
・いざ戦争になっても、被害は最小限に抑える

こんな思想が根底にあり、

・入念な準備のために自分と相手の情報を収集して分析する
・刻々と変化する情勢に対応できる能力を養う

このように、実践するにあたって最低でも必要とされることを掲げている。

☯ "初代"が論じた究極の勝利には"戦い"がない

　孫武は、**100戦100勝はベストの結果ではない**とする。普通なら、勝率100パーセントなら最高の結果ではないか、と考えてしまうが、孫武は**"戦いが起きてしまった時点でベストではない"** と考えるのだ。
　つまり、戦いを徹底的に回避する"０戦"こそが最上。そのため、ベストな結果は、戦闘行為による勝ちも負けも生まないことになる。

　とはいえ、この"０戦"も、厳密にいえば「戦争がなかった」わけではない。
　お互いの武力をぶつけ合う、私たちがイメージするところの「戦争」が起きないだけで、その前段階の外交や策略などで、武力を用いずに勝利する……。
　それが孫武の目指すベストな結果だ。

　そのため、『孫子』には、武力衝突が起きてしまった場合の対処法＝戦術や戦略、を論じるばかりではなく、外交や策略などの"知恵"で相手を屈服させようとする観点でも「兵法」を展開している。
　孫武にとっては、**戦闘状態に突入する前の段階から「戦争」が始まっている**のだ。

　また、無用どころか"無謀"とされる戦争を引き起こすことは、孫武にとって完全に避けるべき"愚挙"。
　きちんとした計画も準備もないまま、闇雲に攻め立てるような戦闘行為は、もってのほかだ。
　そのため、**いつ戦争状態に突入してもいいように、事前の準備や入念な計画の立案が重要**だと説いている。
　充分な戦争への準備を怠ることなく、戦争になった場合の勝算を限界まで高めておいて、戦争にならないように外交努力などを進める。

この２段構えの準備と行動で、孫武は「戦争」を必勝の域に引き上げようと主張するのだ。

『孫子（呉孫子）』の篇名にその思想を見る

　これは、『孫子（呉孫子）』13篇の篇名を見ても理解できる。
　主に底本とされる『孫子』は、主要な７つの兵法書をまとめた「武経七書」収録の通称『武経本』、南宋時代に刊行された通称『宋本』の２つがあり、多少の異同が認められるのだが、ここでは『武経本』に従って紹介する。

①計
　問題点を洗い出す。勝利に必要な条件などを調べる。問題点とデータを合わせて分析し、勝利できるポイントや勝算を考える。

②作戦
　多大なお金と資源が必要な戦争は"浪費"なので長期化させない。補給を重要視し、短期間で勝利できる方法を編み出す。

③謀攻
　戦闘に突入する前に戦争を終わらせる。そのための情報戦略を作戦に組み入れる。長期化するのが確実な城攻めは絶対に避ける。

④形
　守備を軽視しない。敵の態勢を崩す努力をする。必勝態勢を作ってから「戦闘」する。自軍が確実に勝利できるポイントに絞って攻める。

⑤勢
　編成や指揮系統などを重視。兵士個人の資質やモチベーションではな

く、軍全体の士気を高めるため、兵力を集中させて効率よく運用する。

⑥虚実(きょじつ)
　敵の裏をかいて守りが薄いところに兵力を集中させる。そのため軍を柔軟(じゅうなん)に運用する。敵を操(あやつ)り、敵に対する優位性を常に保つ。

⑦軍争
　急がば回れの精神も用いながら敵より戦場に先着して現場を把握(はあく)し、優位を確保する。自軍に有利な土地を戦場とできるように努める。

⑧九変(きゅうへん)
　開戦したら変化する状況に合わせて臨機応変(りんきおうへん)に対処する。利益と損害を天秤(てんびん)にかけて、聞き入れられない主君の命令は拒否することも必要。

⑨行軍(こうぐん)
　現場がどんな地形であれ有利な場所を進んで選び、常に敵情の把握にも努める。敵がどのような地形の利用を考えているのかも分析する。

⑩地形
　地形の特徴を把握して活かす努力をする。状況の変化に応じて変わる地形の"持ち味"も計算して作戦に組み入れる。

⑪九地(きゅうち)
　地形や状況に応じて変わる兵士のモチベーションを把握する。あえて危険すぎる場所まで進軍、兵士の"死にもの狂い"を引き出すこともある。

⑫用間(ようかん)
　敵情を知るのに欠かせないスパイを活用する。諜報(ちょうほう)活動は、目的に

特化させる形で効率的に実施し、スパイが生還できることを重要視する。

⑬火攻
　工作員や敵の裏切り者を通じて、状況に応じてタイミングよく「火」を用いる。一定の戦果を得たらグズグズせずに撤兵を考える。

　篇の並びが、本当に孫武の思惑通りだとは断定できない。
　それでも準備から入り、戦闘の前に戦争を終わらせる工夫が論じられ、敵に勝てるシステム作りの重要性が説かれ、戦闘に突入する直前や直後の段階で勝利する方策が提示され……というように、戦闘行為そのものの方法について論究する内容が想像するより少ないことに気づく。

　個別の戦争を具体例として解説する体裁でもなく、どんなケースにも当てはめやすい普遍的な内容だからこそ、『孫子』は時空を超えて支持されてきたといえる。

☯ "2代目"が考案した兵法思想のポイント

　孫臏による『孫子（斉孫子）』は、長く実在が疑われていた書物でもあり、すでに書いたように発掘によって実在が明らかになったものの、全文が完全な形で発見されたわけではない。
　そのため、内容の一部が欠けていたりするので、文章の解釈や失われた部分に入る文言の推定などについては、研究者の間でも意見が異なる場合がある。

　ただ、"2代目"の著作には、"初代"にない特徴があることも事実だ。孫武は春秋時代に生き、孫臏は戦国時代に生きた。その時代背景が大きく異なるのは当然で、孫臏の『孫子』は、それを反映した内容が多く

なっている。

　特に戦法や陣形などでは、"初代"よりも具体性のある説明が多くなっており、その意味では、より実践的になった兵法書、ともいえるだろう。

　とはいえ、根底に流れる思想は両者とも変わらない。
　そもそも孫臏の兵法も、ベースに置かれているのは"初代"の『孫子』だから、当たり前といえば当たり前だ。
　戦闘はできる限り避けるべきものであるし、戦闘に及ぶ前に決着がつくような準備の重要性を主張しているところも同じ。

　そのうえで、**孫武の時代より進化した戦闘行為を冷静に観察し、時代に応じた内容を加味したものが孫臏の兵法**だ。
　今日では、発掘された竹簡をもとに、篇名がハッキリした12篇と不明の3篇の計15篇から成る「上篇（じょう）」と、同じく9＋6＝15篇から成る「下篇（げ）」として紹介されることが多い。

孫臏の「必勝5ポイント」&「必敗5ポイント」

☯ これさえ肝に銘じておけば負けはしない

　常勝を目指すならば、決して欠くことができない条件として、孫臏は以下の5項目を挙げている。

①理解ある君主のもとで、全幅の信頼を寄せられた将軍が指揮権を完全に握っている
②方針が明確で作戦や計画の内容を将軍自身が熟知している
③将軍が部下から絶対の信頼を寄せられている
④首脳部や経営陣など、指導的立場にある人物たちが一致団結している
⑤敵の力量を測る情報を集めて分析し、地形を把握している

　組織でいえば、次のような形になるだろう。
　ここでは、あなたがプロジェクトリーダーに任命されているとする。

①自分を信頼してくれる上司の下で、プロジェクトチームの指揮権を完全に委ねられている
②プロジェクトが目指す目的や目標がハッキリ提示されていて、あなたもその意義や、実現のための計画内容をしっかり把握している
③チームメンバー全員が、あなたの言動や行動を通じて絶大な信頼を寄せてくれている
④プロジェクト推進にGOサインを出した社長以下の経営陣は、プロジェクトを達成することの重要性について、意見が一致している
⑤入念なマーケティングにもとづいて、綿密なブランディング、効率性

が高い宣伝戦略などが立案されていて、主要ターゲットとなる地域や年齢層なども練り込まれている

☯ これは負けを覚悟するべき

仮に以下のようなことが当てはまるようなら、失敗するのは確実……。孫臏は、そんな条件5項目も挙げている。

①君主が将軍を信用して任せず、何かと口出しをしてくる
②方針が定まっておらず、作戦や計画の意図がハッキリしていない
③首脳部や経営陣など、指導的立場にある人物たちが反目している
④スパイを活用していない
⑤部下が将軍に心服していない

先ほどと同じく、あなたがプロジェクトリーダーを任されたという想定で、この5項目を見てみよう。

①あなたを任命した上司が、あなたの方針に何かと意見してくる
②プロジェクトが何を目指しているのか、イマイチ呑み込めていない
③経営陣がプロジェクト推進派と中止派に二分している
④マーケティング担当者がいないか不足している。他社と共同で進めるプロジェクトであれば、その相手先企業に頼れる協力者がいない
⑤部下たちが、あなたの力量を不安視している。そもそも「何で、この人がリーダー？」と思われている

> # 能なるも、之に不能を示し、用なるも、之に用いざるを示す。
>
> できる能力があってもできないふりをし、必要なのに不必要だと見せかける。
>
> 能而示之不能、用而示之不用。

☯ 能ある鷹は爪がないフリをする？

　これは補講（182ページ）でも紹介する「兵は詭道なり」に続く言葉で、敵を欺き、敵を油断させ、こちらの思惑に誘い込むことの重要性を説いたものだ。

　本当はできるのに、「できません」という素振りを見せる。
　それが簡単なことであればあるほど、「何だ、そんなこともできないのか」と、相手はこちらを見くびって慢心する。
　これは、できそうなのにできない、という姿勢がポイントになるだろう。
「あれ、できると思って警戒していたのに、そんな心配することなかったか……」
　という油断のさせかたは、敵に大きなスキを生み出す絶好の機会といえる。

　本当は欲しいのに欲しい素振りを見せない。本当は使いたいのに使わない。もしくは手元にあって使えるはずなのに、あえて使わない。
　これらも、敵による自軍の分析を困惑させ、油断や慢心を引き出すポイントだ。

こうした駆け引きは、ビジネスなどでも十分に応用可能だろう。

例えば、どうしても必要な資材があるとする。それを「欲しい」という感情をアリアリと見せて商談に臨めば、もしかすると足元を見られて吹っ掛けられてしまうかもしれない。特に外国との交渉には、こういったパターンは珍しくない。

そこに、**「用不用」の理論**を使うのだ。

まとまりそうな商談が破談になっては、相手にとってもメリットがない。そして商談を成立させるべく、値引きを提案してくる可能性もある。

また、できないと思っていたらできた、という逆からの見せかたもあるだろう。

自分の能力をあまり信用してくれず、「どうせできないだろう」と諦(あきら)め半分で仕事を振られる。特に新人時代や配置転換直後などに発生しやすいケースだ。

ここでもし、相手の予想を超えた成果を出すことができれば、積み上げられる信頼もまた、普通より相当に高くなるはずだ。

普段は自分の能力を額面通りに表に出さない。

あまり出し惜しみが過ぎると相手からの過小評価を生んでしまうが、ほどほどに能力を見せつつ、**いざというときにフルパワーで能力を発揮**する。

このメリハリは、相手の自分に対する視線を大きく変えるだろうし、存在価値を一段と高めるテクニックともいえるだろう。

算多きは勝ち、算少なきは勝たず。

情報分析や計画といった準備が十分であれば勝利でき、準備が不十分なら負ける。

多算勝、少算不勝。

この言葉は、あの監督が文字どおりに実行していた

「ＩＤ野球」の創始者とされ、長くプロ野球界で監督を務めていた野村克也。彼は「弱者が強者に勝つ方法」を常に考え、データを駆使した采配で一世を風靡した。

その野村は数多くの名言を残したが、それらには『孫子』の強い影響を感じられるものが少なくない。
ここに紹介した文言もそうで、これは野村野球の核心ともいえる理論でもあった。

野村は例えば、敵の打者がどういうコースだと打ち損じやすいか、どのような守備陣形を敷けば打ち取る確率が高くなるか、などといった分析を、緻密に集めたデータをもとに考え抜いていた。

もちろん、可能な限りのデータを集め、それを駆使して戦術を編み出したからといって、勝てる確率が100パーセントになる保証はない。それでも、何もしないときより確率は上がる。

相手を丸裸にして試合に臨めば、戦力的に相手に敵わないとしても、つけ入るスキが見つけ出せる。こうした点でも勝てる確率がアップすることはわかる。

孫武は、戦争を始める前に入念な準備が必要だということを、繰り返し説いている。準備が不十分なら開戦すべきではない、とまで主張しているほどだ。

　プロ野球はシーズン中、ほとんど毎日、試合があるから開戦しないという選択肢は選べない。
　それでもシーズンに入る前に、その年の相手チームの戦力を分析し、シーズンに入ってからも刻一刻と蓄積されていく相手のデータを上積みして新たな分析を加える。
　こういった準備を重ねることで、野村は"名将"といわれるまでになった。

　近年では、試合中もタブレット端末を用いて刻一刻と変化するデータを操る、リオデジャネイロ五輪でもバレーボール女子日本代表監督を務めた真鍋政義のような例もある。

　しかし、これは何も、スポーツの世界だけで応用できることではない。

　マーケティングや収益性など、可能な限りのデータを充分に集めて作成したプレゼン資料。
　聴衆のタイプを見極めたうえで練られた、相手の心を動かすようなスピーチ。

　日本にも、「備えあれば憂いなし」ということわざがある。
　何事も、準備は入念かつ綿密にすることに越したことはない、ということだろう。

> **上兵は謀を伐ち、その次は交を伐ち、その次は兵を伐ち、その下は城を攻む。**
>
> 最上の戦法は策略で相手を倒すこと、その次は敵の外交関係を崩して同盟相手をなくすこと、その次は相手の軍隊を打ち負かすことで、最も下等な戦法は城を攻めること。
>
> 上兵伐謀、其次伐交、其次伐兵、其下攻城。

☯ 真っ向勝負を避けて武力以外で決着をつける

「できる限り戦闘を避ける」という孫武の主張が、さらに詳しく論じられている言葉。

近代兵器が登場するまで、東洋でも西洋でも、城攻めというのは、最も長期化しやすく、物資の消耗が激しく、兵士の士気を維持しづらいという、"百害あって一利なし""骨折り損のくたびれ儲け"といった格言を如実に示すようなことだった。

孫武は、城に籠城する相手を攻めるには、敵兵力の10倍の軍勢を必要とする、ということも論じている。

ヨーロッパでも攻城戦は、ほかの敵拠点を全部攻略し、相手に反撃や抵抗の余力がなくなってからの、最後のトドメとして持ち込むというのが、常識的な戦争の流れだった。

日本でも、城攻めが下策だということを証明してくれた有名な戦いがある。

楠木正成が、少数の兵を率いながら罠や策略を巧みに用いて大軍を撤

退させた「赤坂城の戦い」。
　真田昌幸・信繁（幸村）親子が、中山道経由で関ヶ原に向かう徳川秀忠が率いる徳川本隊を、老人や婦女子が中心で相手の10分の1でしかない兵力でキリキリ舞いさせた「第2次上田城の戦い」。

　いずれも、兵力差を見れば圧勝してもおかしくないところ、兵力に劣るほうが勝利を収めている。
　徳川秀忠にいたっては、真田親子との戦いで時間を浪費してしまい、肝心の「関ヶ原の戦い」本戦に間に合わないという大失態を演じている。おかげで父の家康が激怒し、一時は後継候補から外されかかったほどだった（この話はあくまでも通説で、実際は違う思惑や背景があった、という説もある）。

　こうした、実を上げるどころか想定外の被害を生み出さないためにも、相手の本拠地、相手が絶対に守り抜こうとしているポイントなどを攻めるまでにいたらない段階で、戦争を終えることが重要だ。

　城を攻められるということは、敵に死を直感的に連想させる行為でもある。そうなれば、相手は予想もしない激しい抵抗を見せる可能性だって大きくなる。

　例えば、あなたが第三者の目が光る前で、誰かと論戦しなければならないとしよう。

　その相手の信念ごと折ろうという勢いで、つかんだ弱点を惜しみなく攻め、情け容赦ない言葉で責め立て、反論させる時間的な余裕すら与えないような態度で臨めば、おそらく相手も同じように反撃してくるはずだ。
　つまり、議論が平行線をたどるばかりではなく、周囲の信用を損なう

ほどの言葉を浴びせられるかもしれない。

　まさしく"窮鼠猫を噛む"で、**ギリギリまで追い詰められた人間ほど、なりふり構わず現状を打破しようと必死になる**ものだ。

　軍隊を打ち負かすというのは、実際に戦闘に及ぶことだから、確実に味方にも損害が出る。
　これは戦力の低下を意味するから、その戦闘に勝利したとしても、周囲から別の相手が攻め込むスキを生んだことにもなる。
　そこで敗戦することにでもなれば、先の戦闘でせっかく手にした勝利の意味も価値も失われてしまう。

　為替相場のニュースで、たまに耳目に触れる「介入」。ある国が、自国通貨の相場を操作するために税金などを投入して通貨を売買し、目標とする相場に誘導するものだ。

　単純化したたとえをすれば、日本円を高く誘導したいと、日本政府や日本銀行が積極的にアメリカドルを売って円を買っているとしよう。
　アメリカが円高を歓迎しているなら問題ないが、往々にして相手国は、逆の思惑を抱えている。
　すると、アメリカは日本とは逆に、ドルを買って円を売る。

　実際に兵士たちが戦うわけではないが、これも立派な戦闘行為。
　どうなるかといえば、ほぼ間違いなく日本は投じた資金額に見合う結果は得られない。得られないどころか、下手をすれば資金をみすみすドブに捨てるに等しい結果となってしまう。

　自軍を不利な立場に立たせないようにする外交戦略。孫武はこの作戦を次善としている。つまり最善ではないがそれに次ぐものということだ。

これは会議などで自分の主張を通したいときに応用できそうだ。

対立する相手がいるとき、その相手に賛同する人物を、どうにかして引き離すのだ。その人物が自分の味方に回ることでもあれば、その効果は倍増に留まらない。

豊臣秀吉は「本能寺の変」の後、織田信長の後継者を決める重臣会議「清須会議」で、出席者への入念な根回しをして臨んだ。

中立を決め込みそうな相手には、自分の主張の正当性を訴えて味方してもらえるように説得する。対立している柴田勝家に味方するであろう人物については、「早急に決めるべき議題」という理由をもって、その到着を待たないという戦術を用いた。

こうして柴田に味方する者がゼロという状況を作って会議をリード。自分が実質的な信長の後継者になることに成功した。

このような戦法の上に位置するベストの戦法。
それが戦う前に決着をつける頭を使った戦闘といえる。

無法の賞を施す。

相手の想定を裏切る恩賞を与える。

施無法之賞。

☯ プレゼントの効果的な選びかた

　パートナーの誕生日プレゼントを選ぼうと思ったら、孫武のこの言葉を思い出そう。
　あれこれと相手の欲しいモノを想像するに違いないが、ここで**相手を落胆させることがないように注意しながら、あえて"本命"を外**すのだ。

　もし仮に、相手が「高級レストランでのディナー」をプレゼントとして想像しているとする。
　この夢を叶えてあげるのもいいが、ひと捻り加えることを考えてみる。例えば下記のように。

　日ごろから行きつけの、高級でも何でもない飲食店があるとする。ここで、いつもよりは豪勢なディナーを愉しむ。
　おそらく相手は「まあ、こんなところよね」と、別に悲しんだり落ち込んだりすることなく好意を受け止めてくれるだろう。

　そこで、店に頼み込んで事前に持参しておいた、特製のバースデーケーキを出す。店内にいる別の客席から「ハッピーバースデー」の大合唱……。
　こういうことを相手が嫌がらない性格というのが大前提となるが、こういったサプライズは、まさに"プライスレス"で、相手を大いに感動させるものだ。

> 声は五に過ぎざるも、五声の変は、勝げて聴くべからず。色は五に過ぎざるも、五色の変は、勝げて観るべからず。味は五に過ぎざるも、五味の変は、勝げて嘗むべからず。

基本の音階は5つしかないが、その組み合わせによって変わった音を無限に出せる。基本の色彩は5つしかないが、混ぜると無限の色が作れる。基本の味覚は5つしかないが、組み合わせれば無限の味覚を生み出せる。

声不過五、五声之変、不可勝聴也。色不過五、五色之変、不可勝観也。味不過五、五味之変、不可勝嘗也。

☯ 体感的に理解しやすい「奇」「正」の効果的な用法

『呉孫子』原典では、
「戦争の中身は"奇"と"正"の2つから成り立っているが、その組み合わせかたは無限にある。この2つはリングのようにつながり、"正"が"奇"を、"奇"が"正"を生み出す。その組み合わせは誰も知りつくせないほど多い」
という文言が続く。

「正」は正攻法や常識的な発想、「奇」は奇襲や常識外れの発想などを指すが、当然のように、どちらもひとつだけということはない。
「正」「奇」ともに大別しても複数あり、その詳細になれば星の数ほどある。だから、単純な掛け算でも"無限×無限"となるわけで、孫武が

いうように誰も全部を突き止められるはずがない。

　ドミソを同時に鳴らせば単音ずつの場合とまったく異なる響きを持つ和音を作り出せるように、青と赤を混ぜれば紫になるように、甘い砂糖としょっぱい醤油を混ぜれば日本人好みの甘辛な味つけができるように、元々の材料単体では決して出せない、まるで別のモノができあがる。

「正」「奇」も単体で使うのではなく、柔軟に組み合わせれば、想像もしなかった効果を生むことが可能だ。
　このふたつを無関係なものと考えるのではなく、密接に関係した存在なのだと、常に頭の片隅に置いておけば、「正」を用いようとするとき、これに組み合わせたら効果的かもしれない、と思いつく「奇」も出てこようというものだ。
　こういった創意工夫を加えることで、アイデアがより独自性を発揮することがあるのだ。

　政治の世界では、よく耳目に触れる"根回し"。
これも視点を移せば、論戦を張ったり議会で答弁をするなどという"常識的な"政治活動＝「正攻法」を、より強化したり実現しやすくするための"奇策"ともいえる。

　実は孫武は、**「勝ちを拾った後に戦う」**ということも説いている。
これを実践したのが、議決を前に事実上それを得ている"根回し"という行為といえるだろう。

"根回し"というと、何となく後ろめたいとか卑怯（ひきょう）というイメージも強いが、真っ当な"根回し"であれば、それは立派な兵法になる。

❼時間目の補講
私たちの身近にある『孫子』

　現代社会にそのまま根づいているという意味では『論語』より上かもしれないほど、『孫子』ファンは多い。それゆえか、さまざまな文章や談話の中に引用されることも多い『孫子』。
　ここでは、私たちが一度は触れたことがあると思われる超有名な語句に絞って読み下し文と意訳のみだが紹介しよう。

◆兵は国の大事。死生の地、存亡の道なり（孫武）

意訳
戦争は国家の一大事で、民の命、国の存亡がかかっている。

◆兵は詭道なり（孫武）

意訳
戦争は心理面で相手をコントロールするという騙し合いだ。

◆兵は拙速を聞くも、未だ巧の久しきを睹ざるなり（孫武）

意訳
多少の手際の悪さがあっても進軍は素早いほうがいい。手際を重視しすぎてうまくいったケースを見たことはない。

◆彼を知り己を知れば、百戦して殆うからず（孫武）

意訳
自分の能力やスキルを十分に分析し、相手の能力やスキルを十分に分析すれば、100回戦っても負けることはない。

◆よく戦う者は、勝ち易きに勝つ者なり（孫武）

意訳
戦巧者(いくさこうしゃ)は、勝ち易い相手を選んで戦いを挑み勝利する。

◆よく戦う者の勝つや、智名なし、勇功もなし（孫武）

意訳
本当の戦上手は、知略も勇敢さも功績も目立つ存在ではない。

◆およそ戦いは、正を以て合い、奇を以て勝つ（孫武）

意訳
戦いは、正攻法で敵と向かい合い、勝利するときには常識を外れた奇襲や奇策を使う。

◆迂(う)を以て直と為す。人に後(おく)れて発し、人に先んじて至る（孫武）

意訳
遠回りしていると見せかけて、かえってショートカットと同じ効果を得る。後から出発したのに先に到着する。

◆其の疾(はや)きこと風の如く、其の徐(しず)かなること林の如く、侵掠(しんりゃく)すること火の如く、動かざること山の如く、知りがたきことは陰の如く、動くことは雷霆(らいてい)の如し（孫武）

意訳
スピードは風のように、林のようにひっそり静まり、攻勢をかけるときは火のように猛烈に、動かないと決めたら山のようにドッシリ構え、身を潜めるときは暗闇のように姿を見せず、行動を起こせば雷鳴のように存在感を轟(とどろ)かせる。

※武田信玄の旗印「風林火山」で知られた文言。

孫子に学ぶ「兵法」の教え　183

◆夫れ呉人と越人は相悪むも、其の舟を同じくして済りて風に遇うに当たりては、其の救うや左右の手の如し」（孫武）

意訳

呉の住民と越の住民はお互いに憎しみ合っているが、同乗している船が大風に吹かれて転覆しそうになれば、まるで左右の手のように助け合う。

※仇敵同士でも困難を前にすれば協力し合うという四字熟語「呉越同舟」の元ネタ。

◆兵に常勢なく水に常形なし（孫武）

意訳

戦場も軍勢も、水のように決まった形はない。ビジネスも人生もこうすべきという決まった形はない。

8時間目

受け継がれた「兵法」
― 呉子と尉繚子 ―

兵法書の最高峰「武経七書」とは

「武経七書」に含まれる書物

「武経七書」とは、中国で古代より最重要視されてきた兵法にまつわる"聖典"のような7つの書物のこと。総称としての「武経七書」という言葉が誕生したのは宋王朝時代といわれている。

ここに、すでに紹介した『孫子（呉孫子）』が含まれているのだが、この書物の知名度や存在感が群を抜いていることもあり、ほかの6作については、お世辞にも世の中に知られているとはいい難い。

そこで本書では、6書全部を紹介はできないものの、『呉子』『尉繚子』2つの書物について触れてみようと思う。

そのほかの"知られざる"兵法書は以下のラインアップだ。4つの書物について簡単なプロフィールを添えて紹介しておこう。

●『六韜』

『六韜』は、周王朝成立の立役者で"元祖・軍師"の太公望こと呂尚が、周の文王と武王に質問されて答える形式で兵法を論じている、というスタイル。

「太公望」というのは、「太公（文王の父）が待ち望んでいた人材」という意味で、文王が授けた称号だとされる。

『史記』によれば呂尚は、特に軍事や謀略の面で2代の王を助けたという。そこで後世の人々は、呂尚を「兵法の祖」として崇拝するようになった。

100歳以上の長寿を誇った呂尚は、功績によって斉という土地を与えられた。この呂尚の子孫が治めたのが斉という国で、最初の「春秋五覇」である桓公を輩出することになる。

　ところで、呂尚が生きた時代は今から3000年以上も前。そのため、呂尚自身が書いたり語ったりした記録ではないという見方で一致している。というのも当時、このような記録を個人で書き残すことなど、あり得ないことだったからだ。

　そこで実際の成立年代や著者が問題となる。
　以前から、成立年代については、戦国時代末期、漢王朝時代、三国時代末期の３つが唱えられてきたが、『孫子』で紹介した竹簡に『六韜』の一部も含まれていて、前漢時代には広く知られた書物だったことがわかった。そこで現在は、少なくとも戦国時代末期には成立していただろうと考える説が主流だ。

　著者は、中国を統一した秦に滅ぼされるまで細々と生き永らえていた周で歴史を担当していた官人ではないか、といわれているが、あくまでも推測の域を出ない。

　ともあれ『三国志』では、読書嫌いの劉備玄徳が息子の劉禅に「必読書」として『六韜』の名前を挙げたり、また「呉下の阿蒙」で知られる呉の将軍・呂蒙が、武芸一辺倒だった自分を文武両道の"使える"人材へと"生まれ変わらせる"ために読んだ書物のひとつとして『六韜』を挙げたりしている。このころには、すでにリーダーの必読書として認知されていたということだろう。

　その『六韜』は、次の**６巻60篇**から成る。

受け継がれた「兵法」──呉子と尉繚子──

> 文韜（12篇）……戦争準備や政治について
> 武韜（5篇）……政治的な戦略について
> 竜韜（13篇）……兵力の配置や作戦の指揮などについて
> 虎韜（12篇）……平野部での戦闘を想定した戦略や戦術と武器の使用法について
> 豹韜（8篇）……森林や山岳などでの戦略戦術や武器の使用法について
> 犬韜（10篇）……兵士の訓練法や軍団編成法、同時に異兵種を用いた協同作戦などについて

●『三略』

「上略」「中略」「下略」の３章立てで構成されている『三略』。
　古くから『六韜三略』と総称されることが多く、この略称の『韜略』は、そのまま軍略を意味する言葉としても通用してきた。

『六韜』と強く関連づけられているのは、この書物が前述した呂尚につながっているという伝説があるからだ。
『三略』をはじめて手にしたとされている人物は、漢の高祖・劉邦を補佐した名軍師・**張良**だ。

　張良は若いころ、秦の始皇帝を暗殺しようとして失敗。潜伏生活を送っているとき、謎の老人と出会う。そして「これを読めば、キミも王者の軍師になれる！」と手渡されたのが、呂尚が遺した『三略』だった。
　老人は「13年後に会おう」と張良にいい残したのだが、その再会のとき、老人は黄色い岩石に姿を変えて指定した場所にいると告げた。
　このため、別名を『黄石公三略』ともいう。

もちろん、この話が史実である可能性は限りなく低い。ということは、張良が授けられた書物が『三略』だったことも疑わしい。
　というのも、『三略』は軍事思想のみならず政治思想にも触れているが、その思想のベースに後世に成立する「道家」の影響が色濃く出ているからだ。

　そして兵法書とはいいつつ、『六韜』との大きな相違点として、戦闘の場面を用いて解説するような文言がなく、原理原則論や政治論に偏った内容であることも指摘されている。
『三略』に収められた3章の内容を要約すると以下の通りだ。

> 上略……人材登用の重要性と政治の重要ポイントについて
> 中略……策略を用いることの重要性や組織運営のありかたについて
> 下略……国を治めるうえで重要なポイントや家臣の使いかたについて

『三略』は、『六韜』と比べて日本との縁が深い。
　柔道の極意として語られる「柔よく剛を制す」は、『三略』が出典だ。ちなみに、この文言は「弱よく強を制す」と続く。
　ただし、「柔」が「剛」より優れているとか、「弱」が「強」よりいい、という意味ではない。この4つそれぞれにメリットとデメリットがあり、状況などに即して使いわける必要があることが説かれている。

● 『司馬法』

　春秋時代末期の斉で将軍に抜擢され、軍の最高責任者「大司馬」まで昇進した司馬穰苴による兵法をまとめたもの。『軍令司馬法』『古司馬兵法』『司馬穰苴の兵法』などの異名がある。

もともと155篇あったといわれるが、現在に伝わっているのは**5篇**のみ。「**戦いを以て戦いを止める**」という、今日の国際社会でよく使われる「抑止力」としての軍事力にも言及している。

●『李衛公問対』

タイトルの「問対」とは、「問いに対える」で、「問答」という意味。別の書名に『**唐太宗李衛公問対**』『**唐李問対**』があるように、**唐の太宗**が兵法に長じた重臣の**李靖**と兵法について議論している、という体裁で書かれている。

「衛公」という言葉は、その李靖が功績によって衛という土地を与えられ、「衛国公」と呼ばれたことに由来している。

太宗は唐王朝の2代目皇帝。彼の治世は23年に及んだが、当時の元号から「貞観の治」と呼ばれる。

その明晰な頭脳と政治手腕それに軍事的才能で、300年の長きにわたって中国に君臨し続けた唐という帝国の基礎を固めた名君として知られている。

また、太宗が政治や君主のありかたを記した「貞観政要」は、日本でも長らく、為政者必読の書として読まれ続けてきた。

李靖は太宗より30歳近く年長だったと伝わる。若いころに兵法を学び、最初は唐が滅ぼした隋に仕えていたが、47歳ごろから唐に仕えるようになる。そして当時まだ皇太子だった太宗の家臣となった。

太宗の即位によって、現代日本でいう防衛大臣のようなポジションに就き、主に軍事関係の要職を歴任。その実績を買われて、太宗が懸案としていた、王朝の北方や西方の異民族討伐を指揮。常勝将軍として各地を平定し、唐の基盤作りに多大な貢献をしている。

『李衛公問対』は、このふたりによる兵法談義を収録した書物、ということになっているが、本人たちが書き残した内容ではないとする説が一般的だ。

そこで実際の著者は誰かという問題が起きるのだが、こちらも諸説ある。有力なのは、誰かはわからないが唐末期に書かれたとする説と、宋王朝時代に阮逸（げんいつ）が書いたとする説だ。

いずれにせよ、稀代の名君と称賛される太宗と、それを"軍神"のごとき活躍で支えた李靖のふたりに仮託して兵法を記したのが、「李衛公問対」だ。

成立年代をどこに置こうと、この書物は「武経七書」の中で、最も新しい年代に編まれた書物というのは変わらない。

受け継がれた「兵法」──呉子と尉繚子──

『呉子』
……その内容と特徴は？

実体験にもとづく異色の兵法書

　日本での知名度はイマイチだが、『孫子』と並んで重要視され続けてきた兵法書が『呉子』だ。

　この書物の特徴は、『孫子』などほかの「武経七書」と比較して、**実体験にもとづいて編み出された理論が中心**になっている、ということ。
　また、兵法書でありながら、戦闘行為を引き起こしたり、その行方を左右する、「政治」に重きが置かれている。
　というのも、著者の呉子が単なる兵法家、軍事の専門家ではなく、政治家としての側面も色濃く持っていたからだ。

『孫子』と並ぶ知識人の必読書

　『呉子』は、『韓非子』でも「どの家の蔵書にも『孫子』と『呉子』がある」と言及されているので、戦国時代末期には、知識人必読の書として広く知られた存在だったようだ。
　漢王朝時代、『呉子』は48篇構成として知られていたが、現代に伝わっているのは、わずか**6篇**に留まっている。

　その内容は以下のようなものだ。

①図国
　戦争をするうえで大前提となる政治について。国の存立に軍事は欠か

せないが、軍事優先は国を亡ぼす元凶。国内政治の安定こそ優先すべき。

②料敵(りょうてき)

呉子が仮想敵にしていた魏を取り上げた対応策について。戦闘に及ぶ前に敵を冷静に観察・分析して、有利なら攻撃し、不利なら撤退もしくは戦闘を起こさないようにする。

③治兵(ちへい)

兵士が戦闘に臨みやすい条件について。兵士のモチベーションを上げながら統制を強化する。そのために訓練や教育も重要。

④論将

優れた将軍の条件と危機管理に通じる指揮系統の重要性について。そして敵将の"レベル"を見極めるコツとタイプ別の対処法。

⑤応変

条件に応じた臨機応変(りんきおうへん)な行動の大切さ。しかし臨機応変な対処にも原則がある。

⑥励士(れいし)

兵士のモチベーションを上げるために信賞必罰(しんしょうひつばつ)の姿勢は重要だが、それだけでは不十分。戦功がなかった者でも激励する。

私たちが目にすることのできる『呉子』は、この6篇が上下巻に各3つずつ配されている。

『呉子』の著者はどんな人物だったか

☯ 孔子の弟子に学んだ思想家の過激なデビュー

衛に生まれた『呉子』の著者である呉子。**姓が呉で名前は起だ。**
彼は、若いころは孔子の高弟で、『論語』にも数多く登場する曾子に学んでいた。そして魯に仕えることになる。

呉起が仕える魯があるとき、斉に攻撃された。
孔子の孫弟子にあたる呉起は、その能力を評価されていたため、「将軍として戦場に派遣してはどうか」という意見も出されたが、実は呉起の妻が斉出身。妻を介して裏切りを働くのではないか、と疑念を抱かれてしまった。
呉起にとっては立身出世の一大チャンスだ。どうしても将軍を拝命したい。

そこで、どうしたか。

呉起は妻を殺害し、裏切ることはないという忠誠心を示すのだ。
これを見て魯の王朝も呉起を信用。将軍に就いた呉起は勇躍、戦場に乗り込み、圧倒的に優勢と思われた斉の軍勢を散々に打ち破った。
この一戦で呉起の名声は魯の国内に広まっていく。

☯ "抜擢"が裏目に出て妬まれる

曾子に学んだこともある兵法家といえども、斉を撃破するまでの呉起はまったくの無名。

それが、**たった一度のチャンス**をモノにして**名声を高めてしまった**のだから、魯の王宮内では彼を快く思わない者も続出する。
　そして彼についての陰口がいくつも飛び交うようになった。

「疑い深くて人情味が薄い」
「裕福な家の出身らしいが、諸国遍歴（へんれき）で思うように仕官できず、財産を食いつぶしてしまった」
「あるとき、いつまでも立身出世できない彼を郷里の者が嘲（あざけ）った。その者と親類縁者など30人以上を殺して衛にいられなくなり、国を出た」
「母親と別離するとき、大臣に出世するまで帰らないと告げた。出世できないまま母はこの世を去ったが、その葬儀に出なかった不忠を咎（とが）められて曾子に破門された」

　こうした人格攻撃のトドメは、やはり妻を殺害した事実だ。

「出世のためなら妻を平気で殺せる残忍な人物」

　そのうち、
「国力に乏しい魯が大国の斉に勝ったということで、周辺諸国からの不要な攻撃を招いてしまうリスクを抱えてしまった。魯とは小国同士で長く友好関係にあった衛との仲も暗転するかもしれない……」

　呉起の功績は、ないものどころかネガティブに捉えられて、将軍への抜擢人事も戦勝も大失敗だった、といわれるようになる始末。
　何の後ろ盾もない呉起は、あっという間に魯での居場所を失ってしまった。
　彼は魯を去り、魏に赴くことを決意する。

受け継がれた「兵法」──呉子と尉繚子──

身分に関係なく接する人心掌握術

　当時の魏は**文候**（ぶんこう）の治世。側近の李克（りこく）を中心として、政治の刷新に乗り出していた。
　そこに表れたのが呉起だ。売り込みをかけられた文候は、さっそく李克に採用の是非を問う。李克は、
「呉起は強欲で好色。しかし軍事については司馬穣苴さえ及ばぬほど」
　という人物評を返した。つまり、人格的には問題ありだが、軍事だけなら超一流、ということだ。

　文候は、長所だけを見ることにした。
　呉起は将軍に任命されると、すぐさま結果を出す。秦を攻めて５つの城を攻め落とした。

　このとき、呉起は彼の兵法の要ともいえる、兵士たちの人心掌握術（しょうあく）を実践していた。
　将軍でありながら最下層の兵士たちと寝起きし、苦楽をともにするのだ。このころの有名な説話をひとつ紹介しよう。

　あるとき、兵士が腫（は）れ物で悩んでいたので、呉起は自らの口を患部に当て、膿（うみ）を吸い出した。
　それを知った兵士の母親が大泣きする。しかし、その理由は慈愛に満ちた将軍の行動に感動したから、ではなかった。

「私の夫であの子の父も、同じように将軍から膿を吸い出してもらいました。恩義を感じた夫は命に代えても恩返ししたいと、死を恐れず勇敢に戦い、本当に戦場で死んでしまいました。
　今、息子の運命も父と同じと定まりました。それが悲しくて泣いているのです」

これを聞いた呉起の心境がどんなものだったのかは伝わっていない。

有力な宰相候補でありながら国を去ることに

将軍として実績を上げていく呉起は、魏の重鎮として存在感を増していった。

同時に、部下からの絶対的な信頼を得ているという呉起が持つ人望は、単に将軍として戦働きさせているだけでは、もったいないともいえた。

そこで文侯は呉起を、黄河流域の西部一帯を治める太守（地方長官）に任命する。この土地は、周辺敵国と国境を接し、交通の要衝でもあるという重要拠点でもあった。文侯の信頼の高さがうかがえる人事だ。

呉起はこの"最前線"ともいえる領土で、開墾を進めて経済力を高め、76度の戦争で完勝すること64回。政治家として統治し、ときには軍事司令官として戦場に向かう生活を続けた。

しかし、魏を、半世紀に及ぶ改革路線で周辺に名が轟く国にまで発展させた、呉起の理解者だった文侯が死ぬと、彼の運命は暗転してしまう。

武侯の治世に入るとき、呉起も有力な宰相候補者のひとりに数えられていた。

しかし宰相となったのは田文だった。

納得がいかない呉起は、田文に次のような問答をしかける。

呉起「軍事司令官として、兵士の士気を高めて戦場に率い、周辺諸国が魏に手出しできないようにする点で、あなたと私のどちらが優れ

ているだろうか」
田文「あなたです」
呉起「多くの家臣を率いて、経済力を発展させ、民が仲よく平和に暮らせるようにする政治家として、あなたと私のどちらが優れているだろうか」
田文「あなたです」
呉起「要衝の地を治めて秦の領土的野心を食い止め、韓や趙を魏に服従させるのは、あなたと私のどちらが適任であろうか」
田文「あなたです」
呉起「以上の3点で、あなたは私のほうが勝っているという。しかしあなたのほうが私より高い地位にあるのは、なぜだろうか」
田文「新たな主君は若く、今はまだ家臣も民も心服していない。こんな時世に宰相となるにふさわしいのは、あなたと私のどちらだろうか」

　武候は、攻めの姿勢で充分に実力を蓄えた魏という国を、今度は守っていこう、と考えた。よくいわれる"守成の2代目"を目指したのだ。
　そのため、政治的には先代の改革路線が後退し、保守的な態度が目立つようになっていく。
　そこに、改革路線の旗頭ともいえた呉起の入り込む余地は、ほとんどなかったといっていい。
　また、武候は強大な国を託されたということもあり、ややプライドが高い、場合によっては傲慢さも見せるような人物だった。
　彼からすれば、著しい功績を挙げ続けてきた呉起は、"目の上のタンコブ"にも映ったことだろう。

　それらのことが理解できたから呉起は、田文からの質問に、「あなたが適任だろう」と答えるのだ。
　やがて田文が亡くなると、後任の宰相には公叔が着任する。彼もまた、

隠然たる影響力を持つ呉起が目障りでならない。

そこで計略を仕掛けて武侯の呉起に対する不信感を最大にまで高めてしまう。

犯罪者として処罰されることを恐れた呉起は、国を出て南に向かう。

宰相・呉起は「法家」としての側面も

楚の悼王(そとうおう)は、かねてから呉起の名声を聞いていた。自分の国を来訪したと知ると、すぐに呉起を宰相に命じた。

呉起は法令を整備し、今でいうところの"小さな政府"を目指す。王宮のポストを削減し、浮いた人件費を兵士の待遇改善に回す。

そうして軍隊を強力に再編成すると、次々と周辺諸国を打ち負かした。楚は短期間のうちに強国のひとつにのし上がる。

晩年の呉起は、「儒家」でも「兵家」でもなく、後の秦王朝時代に隆盛を極める「法家」の一面も併せ持っていたことがわかる。

しかし、呉起はまたしても、古くから仕える家臣たちから、恨み嫉(ねた)みを買ってしまうのだ。称号をはく奪された元王族や貴族たちが、その中心だった。

悼王の死を好機と見たクーデター派は、葬儀の場で呉起を暗殺しようと試みる。

アサシンの放った矢は見事、呉起に命中した。しかし同時に、悼王の遺体が安置された棺(ひつぎ)を射抜いてしまった。

呉起は不遇の死を遂げた。だがクーデター派も一網打尽(いちもうだじん)にされて、一族郎党ともども処刑されてしまう。

受け継がれた「兵法」――呉子と尉繚子――

『尉繚子』……その内容と特徴は？

政治を説いた前半部

　現代に伝わる『尉繚子(うつりょうし)』は24篇から成る。

　そのうち前半の12篇は、政治や経済についての言及も多く、ほかの「兵家」と同様、政治や外交の一側面としての軍事、という主張が目立つ。

　その篇名と内容の要約は以下の通りだ。

①天官(てんかん)
　戦争は人間がするものだから、占いなどに頼らず、知恵を磨くなど人間にできることを突き詰める。

②兵談(へいだん)
　勝利のためには内政の安定が必須。戦闘がはじまったら感情に左右されることなく行動し、一刻も早い収束を心がける。

③制談(せいだん)
　軍隊の強化には法整備が欠かせない。兵士のモチベーションを高めるためには管理を行き届かせなければならない。

④戦威(せんい)
　軍隊の士気が戦闘力を左右する。敵の戦意を低下させるとともに士気の維持と向上に努める。

⑤攻権（こうけん）

　綿密な作戦や計画の立案や指揮系統の確立といった準備を入念にする。それが兵士の士気を向上させ、攻撃を成功させる要因となる。

⑥守権（しゅけん）

　地の利を活かした堅固な防衛体制を築くと同時に、戦局を大きく左右する救援軍の手配も重要。

⑦十二陵（じゅうにりょう）

　将軍は、敵を圧倒するための12ポイントと敵に圧倒されてしまう12ポイントを知り、将軍の自覚と自戒を持つことが大切。

⑧武議

　将軍は、自分を適用外とすることなく法律を厳格に運用して威信を保つこと。戦争は私情を挟んではならない。

⑨将理

　賞罰は公平平等を徹底させる。事件が起きたら真相の究明を最優先させ、刑罰に頼らない姿勢が理想。

⑩原官（げんかん）

　法治国家の要となるのは官吏。君主も臣下も同様に職務をまっとうしなければ、最高の政治は実現できない。

⑪治本

　民の衣食を十分に確保することが政治の基本。法による統制を進め、みんなが私利私欲に走らなくなれば、争いごともなくなる。

⑫戦権

戦争では、戦いの法則を熟知して、先手を打って主導権を握ることが大切。優れた計略で優位を占めれば戦わずに勝つことも可能。

☯ 軍事を説いた後半部

「法家」思想に裏打ちされたかのような政治的な思想が並べられた前半部に対して、後半部では「兵家」らしい軍事面の言及が多くなる。
　前半部と同様、簡単に内容にも触れながら篇名を紹介しよう。

⑬重刑令

　敗戦の責任追及は厳格に実施する必要がある。同様に民に対しても厳格な法の適用による"厳罰主義"で臨む。

⑭伍制令

　軍隊は5人1グループを最小単位に最大100人の階層を構成し、いずれの階層でも連帯責任制を導入。軍令違反を厳格に摘発する。

⑮分塞令

　軍令違反を防止するため、野営地では堀などで部隊間の境界を作り、見張り台と通行許可証の発行で部隊間の通行を制限する。

⑯束伍令

　表彰や処罰は、敵に与えた損害と自軍が受けた被害から、連帯責任をもって算出する。戦闘中の賞罰権限は部隊長に預ける。

⑰経卒令

　一糸乱れぬ軍隊の行動を実現するには、統制のための部隊マークなどを使って、ひと目で所属がわかるようにしておく。

⑱勒卒令(ろくそつ)

　軍隊を自分の手足のように動かすには訓練が必須。その訓練は最小グループ単位から上位グループへと段階的に施す。作戦にメリハリがあることを理解する。

⑲将令

　指揮権は命令とともに君主から将軍に与えられる。同時に、軍令違反者への処罰の権限も将軍に与えられる。

⑳踵軍令(しょうぐん)

　先行部隊を戦場に先発させ、次に機動部隊を主力部隊に先行させる。これらを戦場で呼応させる。前線の守備部隊も状況により攻撃に参加する。

㉑兵教上(へいきょうじょう)

　より強力な軍隊に仕上げるため、部隊ごとに施す訓練は徹底させる。軍や将軍の威信を保つため、命令に背く者には厳罰を与える。

㉒兵教下(へいきょうか)

　最強の軍隊になるためには、必勝の作戦や計画を用意し、それを必死の覚悟で実行し、敵の混乱に乗じることが大切。

㉓兵令上(へいれいじょう)

　軍事と政治は表裏一体の関係とわきまえる。全軍が一致した姿勢と、敵情に応じた陣形の変化が勝利をもたらす。

㉔兵令下(へいれいか)

　逃亡兵が出ることの防止、連帯責任制の徹底、指揮権の確立が勝利の３大条件。そのためには命令の貫徹こそが最重要課題となる。

前半12篇をざっと見てもわかるように、『尉繚子』は**「法家」の影響が強くにじみ出ている**。そして後半12篇は、軍令や訓練など、より軍隊内部についての記述が増えているが、ここでも繰り返し論じられているのは、厳格な法の運用、という一点に尽きる。

☯ 時代の変化が生んだ『孫子』と異なる兵法思想

これは時代背景による影響もあるだろう。

春秋時代には銅製が多かった武器は、戦国時代になると鉄製に変わった。また、騎馬兵をはじめとする大軍団を組織するようになって従軍兵力の規模が段違いとなった。
君主自ら先頭に立って軍隊を指揮することも珍しくなかった春秋時代に対し、戦国時代は役割分担が進み、将軍をはじめ軍事の専門家が活躍するようになった。

そんな時代に活躍したのが尉繚子であり呉子だったのだ。
規律や秩序を重んじ、それを実現させるための法律の重要性を説き、その厳格な運用によって、国も軍隊も統制する。
そのことが国力の増大につながる、というのは、兵法というより法律論に近い、よりリアリズムに富んだ発想といえる。

『尉繚子』の著者はどんな人物だったか

☯ 著者としての候補者が２人いる尉繚子

　姓は「尉（うつ）」、名は「繚（りょう）」。それに「先生」という意味の「子」がついて「尉繚子」。

　それはいいのだが、**著者候補には２人の名前**が古くから挙げられている。

　ひとり目の候補は、魏（梁（りょう））の恵王（けいおう）に仕えた人物。『尉繚子』の冒頭に、恵王と尉繚が会話する場面があるからだ。

　恵王は、「呉子」が国を去る時代を治めた武侯の次に即位した人物だ。しかし彼の時代になると魏は、斉に敗れるなど国威と国力を急速に低下させていた。そこで兵法家の尉繚を招いて善後策についてアドバイスをもらった、という形だ。

　しかし、この尉繚は実在が疑われている。というのも『尉繚子』以外の書物に同時代の彼の業績が出てこないから。

　候補のふたり目は、中国統一を目前に控えた秦の始皇帝に仕えた人物。『史記』には、
「魏出身の尉繚が始皇帝に面会して助言。その献策を採用した始皇帝は、尉繚に対等の礼で接した」
とある。
　ところが尉繚は、始皇帝の面相や声色が不吉に感じられた。

「鷲鼻（わしばな）で細い目、鷹のように突き出した胸に狼のような声。人間らしい心の持ち主とは思えない。困っているときは誰に対してもへりくだって

受け継がれた「兵法」──呉子と尉繚子──

いるが、立場が変われば人を人と思わないだろう」

　そこで秦を去ろうとするのだが、彼の能力を高く評価する始皇帝は、当然のように慰留（いりゅう）する。そして宰相に次ぐポジションを与えた。
　尉繚の進言は秦で活かされるようになり、李斯（りし）がそれを実行する……。

　こうして始皇帝の偉業を助けたことになっているが、彼の場合、ここから死にいたるまでの生涯がハッキリとわからないのだ。

　始皇帝に仕えたとすると、『尉繚子』の内容が時代背景なども含めて考えると折り合いがつかず、かといって恵王に仕えたほうを"本命"とするにも決定打に欠ける。
　ということで、"本物"の「尉繚子」は誰だ？　となると、誰とも断定できないという状況が、今も続いている。
　そこで「後世の創作」説も根強かったのだが、本書にたびたび登場してきた竹簡の発掘によって、遅くとも戦国時代には書かれていた書物、ということが判明した。
　また、候補者ふたりとも魏に縁が深い人物という共通点があり、書物の成立に多かれ少なかれ魏出身者が関係していることは間違いないようだ。

> 昔の国家を図る者は、必ず先ず百姓を教え、而して万民を親しむ。四つの不和有り。(中略) 先ず和して而る後に大事を造す。
>
> 昔から君主たる者は、まずはじめに臣下を教育し、民の団結を実現することに努めた。団結を乱す4つの不和がある。(中略) まず団結を図り、それから重大事に臨む。
>
> 昔之図国家者、必先教百姓、而親万民。有四不和。(中略) 先和而後造大事。

🜂 「呉子」が語る組織論

「図国」という篇名の由来となっている文章は、国家であろうと軍隊であろうと、ひとつの目標に視線がそろった団結こそ大事だと説いている。

209ページの全文を見てほしいが、国内が一致団結していないなら戦争など起こすべきではないし、軍隊が団結していないなら部隊を出撃させるべきではない。部隊が団結していないなら進軍などもってのほかだし、目標を共有していないなら決戦しても負ける運命にある。

だから、**重大な案件に挑もうというときこそ、自分たちのグループが強く結束しているかを確かめる必要がある。**

ビジネスシーンでもスポーツの試合などでも、団結が思わぬ底力を生

み出す原動力になる、という例は、私たちの周りにいくらでも転がっている。

　オリンピックなどで日本代表がよく見せる、個人戦では成績が振るわなかったものの、団体戦になると格別の結果を残す、といった事例は、まさしく「団結」が力を生んだ証拠ではないだろうか。

　つい最近でも、リオデジャネイロ夏季オリンピックで日本選手団が、いくつか好例を見せてくれた。

　シングルスでは結果を残せなかったダブルエースの片割れ・石川佳純が、団体戦では負けなしの強さを見せた卓球女子。最後は見事に銅メダルに輝いた。

　陸上の強豪国アメリカを破り、日本初の銀メダルを手にしたのは、陸上男子400メートルリレーの4人だ。

　また、バドミントン女子ダブルスでは、「タカマツ」の愛称がある高橋礼華と松友美佐紀のコンビが金メダルに輝いている。

　オリンピック関連では冬季オリンピックとなると、日本のスキージャンプ競技は、1974年の札幌大会で大活躍した「日の丸飛行隊」以降、団体戦になると個人戦以上に底力を発揮する傾向が、伝統として根づいている。

　オリンピック以外でも、例えば野球の世界ではかつて、世界一を決めるＷＢＣ（ワールド・ベースボール・クラシック）で2連覇を達成という偉業も成し遂げている。

団結すれば掛け算のパワーに

　団結することは、言葉を換えれば目標に対する集中力を高めることにも通じるだろう。

　メンバーの特性や長所に短所、そういったものを冷静に観察して、互いに補い合うことも可能になる。

　その意味では、成功哲学の世界でよく使われる「マスターマインド」と同じような組織論といえるだろう。
「マスターマインド」でも、メンバーが完全に一致した目標を念頭に掲げることを重視しているし、お互いの長所を巧みに組み合わせて"1＋1"を3にでも10にでもすることを目指しているからだ。

　大がかりなプロジェクトの場合、自分たちが所属するチームだけが団結していても意味はない。チーム間の団結を積み重ね、プロジェクトが一丸となることに心を砕かねばならないわけだ。

〈読み下し文全文〉
昔の国家を図る者は、必ず先ず百姓を教え、而して万民を親しむ。四つの不和有り。国に和せざれば、以て軍を出すべからず。軍に和せざれば、以て出でて陣すべからず。陣に和せざれば、以て進み戦うべからず。戦いに和せざれば、以て勝ちを決すべからず。ここを以て有道の主は、まさにその民を用いんとするや。先ず和して而る後に大事を造す。

〈原文全文〉
昔之図国家者、必先教百姓、而親万民。有四不和。不和於国、不可以出軍。不和於軍、不可以出陣。不和於陣、不可以進戦。不和於戦、不可以決勝。是以有道之王、将用其民。先和而後造大事。

賤しくして勇ある者をして、軽鋭を将いて以て之を嘗み、北ぐるを務めて、得るを務むるなからしむ。

身分は低いが勇気ある者を将軍に仕立て、精鋭部隊を率いさせて攻めさせてみる。敵が反撃してきても相手をしない（＝動きを観察する）。

令賤而勇者、将軽鋭以嘗之、務於北、無務於得。

☯ 敵将の資質や能力を見極めるには

　呉子が、武候から、「未知の敵将と会敵したとき、その性格や嗜好を推し計る方法は何か？」と問われて答えた言葉。

　軍隊の用いかたは、相手を混乱させるための陽動作戦にも通じるが、**ここで相手の動きを入念に観察すれば、指揮している将軍の性格やタイプが見破れる**という。

　軍勢の動きが整然としていて、こちらが逃げる素振りを見せても、追いつけない体を装って無理に追撃してこようとしなかったり、何かの利益があると見せかけて誘い出そうとしても、その罠に気づかないふりをしているようなら、敵の大将は頭脳派といえる。

　逆に隊列が乱れて軍旗も雑然と動き、逃げると見せかけると見境なく追撃してきて、罠に疑問も抱かず飛びついてくるなら、率いる将軍は凡庸で、いかに兵士の数が多くても勝つことができる。

　そうして敵将の性質を知れば、それに応じた作戦を練ればよく、有効

的な作戦を導き出すのも易（やさ）しくなる。

　これは日常生活や商談の席などでも応用できるだろう。というより、特に外回りの営業マンであれば、意識することなく、この作戦を用いている人も、多いかもしれない。

　商談を成立させるためには、条件面で折り合いをつけることなども重要だが、相手の性格に応じたアプローチも欠かせない。
　合コンなどでも、見知らぬ者同士が同席して、相手の性格や趣味などを探り合う段階が最初にある。

　かつて学校に通っていたとき、同じクラスになったり席が隣同士になったりした級友について、その人物像を手探りでつかもうと努力するのは当たり前のことだったと思う。

　そういった**"何も情報がない相手"**に対して、少々踏み込んだ、**攻めの姿勢でファーストアプローチ**を試みる。その反応を分析して、次からの接しかたに活かすのだ。

　もっとも、何も考えず相手が嫌がるようなことを口にしたりしては、元も子もない。
　丸っきり"無"の状態で試してみるのではなく、少しでも相手の情報を得られた次の段階で、例えば褒めるべき長所を見つけて少しオーバーに褒めてみる、単純にランチに誘ってみるなど、相手から敬遠されにくい手段を講じる必要がある。
　このとき、自分のカラーや性格からかけ離れたアクションを取れば、無理がたたって台なしになるリスクもあるから注意したい。

君、有功を挙げて進みて之を饗し、功無きをば之を励ませ。

功績を挙げた者は昇進させて待遇を引き上げ饗応する。功績を挙げられなかった者も宴席に同席させて励ますのが大事。

君挙有功而進饗之、無功而励之。

信賞必罰の中に潜む"思いやり"

呉子は、**ねぎらいの宴席を設ける場合、功績を挙げた者もそうでない者も等しく席を用意するべきだ**と説く。

もちろん、功績の有無で座る席の位置は差が出るし、恩賞に差が出るのは当然だ。呉子もまったく平等に遇したわけではなく、宴席を3ランクに区切っている。

功績が多大なら最前列で上等な器を使い、普通の功績なら中央付近に席を設けて中等の器を、功績ゼロかそれに近い者は末席でありふれた食器を、という具合に。

しかし、悔しい気持ちは功績を挙げられなかった本人が一番強く持っている。次の機会に活躍できることを心の中で強く願っている。

その気持ちを掬い上げ、次のチャンスに向けたモチベーションをアップさせるためにも、**失敗してしまった者にこそ、激励すること**が重要な意味を持つ。

呉子の場合、功績が多大だった者は、宴席から退出する際、その父母

などに贈答品を用意し、戦死者を出した家には毎年、使者を派遣して戦没者の労をねぎらっていた。

　すると、自分の上司が、どんな結果であろうと、きちんと心を尽くしてくれると理解している兵士たちは、いざ緊急事態が発生したとき、将軍が命令する前から出撃準備をはじめ、命令が下れば最前線に躍り出て勇敢に戦うようになった、という。

　何でもかんでも平等に扱おうとすれば、それは"悪平等"ということになり、弊害のほうが深刻になるだろう。
　そうではなく、**扱いに差があることを踏まえたうえでの平等な扱い**というのは、次に自分がどんな立場になろうと、公平に接してもらえる、という安心感を育むことにもつながる。

　戦争に限らず、私たちの日常的な社会生活でも、ほんの少しの差で結果を出せたり出せなかったりするわけで、結果が出なかったという事実だけで何のねぎらいもかけてもらえないとなったら、その人はしだいにやる気を失ってしまうだろう。
　それは、「働いた」のに「働いていない」と評価されたのと、同じことだから。

「働いた」という事実についてはキッチリ認める。それが次のやる気を引き出すリーダーとしての役割だということを、呉子は主張しているといえる。

> **およそ兵は、制必ず先ず定む。制先ず定まらば則(すなわ)ち士乱れず。士乱れざれば則(すなわ)ち刑乃ち明らかなり。**
>
> 軍事は、最初に制度や軍律を定めること。これが確立されれば軍は統制される。統制されれば制度や軍規は明瞭に厳格に保たれる。
>
> 凡兵、制先定則士不乱。士不乱則刑乃明。

「法家」思想に通じる兵法の重要ポイント

『尉繚子』は、軍隊を適切に動かし、考えるとおりに戦争を遂行するため、欠かせない前提条件として、**軍隊の法律などを最初に整備**することを挙げている。

　彼が言及している**「制」**は、**賞罰規定の明示がポイント**になっているが、これがおろそかにされている軍隊は、たとえ優れた将軍が率いていようと、ほとんどの場合は早期に崩壊してしまう。これは古今東西の戦史が、よく証明している。

　また、このことは軍事に限らず、幅広く応用できる組織というものの"真理"をいい表しているともいえるだろう。
　さらに広げて考えれば、この言葉は、現代日本で問題となっている「雇用格差」の問題にも関連するように思える。

「雇用格差」は、雇用形態が「正社員」といった「正規雇用者」であるか、「パート」「アルバイト」などの「非正規雇用者」であるかによって、

業務内容や職責に差がないのに大きな賃金格差が生まれる問題だ。

　これは、いい換えれば「この仕事をしたら報酬はいくら」「この作業をして得られる特典はこれです」などの「制」があいまいだから引き起こされている、ともいえる。

"不遇"だと感じる非正規雇用者のモチベーションが上がるはずもなく、ただ"仕方なく"業務をこなすだけ、という姿になる。
　生産はできるだろうが、生産性は上がるはずもない。そこに不正が生まれてしまう余地ができるのではないだろうか。

「経営の神様」と称えられたパナソニック創業者の松下幸之助は、業績が大幅にダウンしたときでも、「首切り」によるコストカットを厳として受け入れなかったことで有名だ。
　その代わり、ひとり当たりの勤務時間を減らして事実上の減給はしたが、無給になる者を生み出さなかった。
　これは近年いわれる「ワークシェア」の発想にも通じている。

　意気に感じた社員は、一丸となって在庫一掃に努力し、やがて業績が回復する。
　会社としては慌てて新規に雇用し直すことなく、しかも仕事に通じた社員が温存されているから、さらに業績をアップさせた。
　このケースには、「首切りしない」という「制」があったおかげで、社員の風紀が乱れずに済んだ、という側面を見ることができる。

　尉繚子は、明らかにされた**「制」が団結力を生む源泉**となり、命令とともに一丸となって進軍する軍隊が創出できる、と説いた。
　その主張を具体的に現代社会で実践してみせたのが、松下のこの行動理念だったといってもいいだろう。

受け継がれた「兵法」──呉子と尉繚子──

> **視れども見ることなく、聴けども聞くことなきは、国に市無きに由ればなり。それ市とは、百貨の官なり。**
>
> 見渡しても見ることができず、聞き耳を立てても聞くことができないのは、国内に市がないからだ。市とはあらゆるモノが交流する場所である。
>
> ――――――――――――――――――――
>
> 視無見、聴無聞、由国市無也。其市也者、百貨之官也。

「市」は単なる「市場」ではない

　尉繚子が語る「市」は、私たちが普通にイメージする魚市場や取引市場などの、「市場」と名がつくすべてを包括したような場所だ。

　この場所には、各地から物品が送り込まれ、売買される。野菜でも日用品でも、ありとあらゆるモノが集まる。まさしく「何でもある」百貨だ。
　同時に、**交易が盛んな場所は、人の往来も盛んだ。**
　その人というのは、近隣住民もいれば、遠方から交易のために訪れた商人の場合もある。戦国時代であれば、本書に登場するような思想家が、遊説の旅で立ち寄ることも多かっただろう。

　こうした人々は、**誰でも何がしかの情報を持っている。**
　私たちだって、どこかの会社に勤めていれば会社に関する情報は得ているし、ご近所のあらゆるトラブルに精通している、というのも立派な情報の持ち主だ。
　どこそこの店は美味しいなどのグルメ情報にしても、料理レシピのサ

イトに掲載されたオリジナルメニューにしても同じだ。

　尉繚子は、交易が盛んになることで経済力が発展するのと同時に、こういった**情報が人々の間で行き交う側面を持つ「市」を重要視**する。
　現代社会でも、よく"情報を制する者が勝つ"などといわれるが、その情報が効率よく集められる場所として、尉繚子は市を挙げているのだ。

　見たいことが見られて、聞きたいことが聞ける。これは、まさしく自由自在にほしい情報を入手できる状態を示す。
　インターネットも何もない当時は、書物などの文字情報か、人から人に伝えられる口伝情報にしか頼れない。その口伝の集積地として「市」が存在するわけだ。もちろん、交易品には文字情報の代表格といえる書物だって含まれていたことだろう。

　尉繚子は、そうした重要性を認識するがゆえに、「市」を国家の統制下に置くことを推奨している。

　もっとも、どこかの独裁国家のように、情報を国家が一元的に管理し、知る権利を害するような応用の仕方は、私たちにはできない。
　それでも、ここで示されたような「市」を、身の回りに置き換えて用いることは可能だ。

　例えば、異業種交流会など最たるものだろう。日常では知ることができない情報に数多く触れるチャンスなのだから。
　近年は敬遠されがちな「飲みニケーション」だって、使いかたを工夫すれば、その宴席を「市」に変えることだって、それほど難しいことではないはずだ。

受け継がれた「兵法」——呉子と尉繚子——　217

❽時間目の補講
「尉繚子」が説くリーダーの条件

『尉繚子』には、リーダーを目指すなら覚えておきたい、勝利を得るための12ポイントと、リーダーを目指すなら絶対に避けたい負けを呼び込む12ポイントが掲載されている。
　ポイントごとの解説も付記されているので、ここで紹介しよう。

☯ 勝利を得るための12ポイント

①威信を保つため、コロコロ指示を変えない
②部下が褒めるべき何かをしたら、タイミングよく恩恵を施す
③情勢の変化に合わせた知恵と工夫を働かせる
④部下のモチベーションを見ながら、やる気と効果が上がる指示を出す
⑤相手の意表をついて攻勢を仕掛ける
⑥相手に意図を読まれないように注意して自分の意図などを守る
⑦ルール順守を徹底してミスを避ける
⑧苦境に追い込まれない、追い込まれても対処できる、そういう準備をしておく
⑨小さなことにも目を向ける慎重な振る舞いを心がける
⑩重要プロジェクトなどでは、より一層の知恵と工夫を編み出す努力をする
⑪途中で投げ出すことなく完遂することで「負い目」など弱点を作らない
⑫謙虚な姿勢を崩さず、メンバーの信用を維持する

　リーダーのための啓発本などで、よく目にするような項目がズラリと

並んでいることに気づくだろう。

　つまり、洋の東西を問わず、2000年以上も前から、"リーダーの資質"として求められることは、普遍的（ふへん）で変わりないということになる。

負けを呼び込む12ポイント

①優柔不断な態度が生み出す「後悔」
②他人を陥れることが招く「災い」
③私情を挟んでしまう「不公正」
④他人のアドバイスに耳を傾けられずに引き起こす「不祥事」
⑤ポテンシャルを根絶やしにしてしまう「収奪」
⑥いわれなき陰口を聞き入れるなどで判断力が鈍る「不明察（ふめいさつ）」
⑦思いつきで指示を出すため信頼してくれなくなる部下の「不服従」
⑧自分より優れた人物に近づこうとしないために起きる「視野狭窄（しやきょうさく）」
⑨目先の利益にのみ目を奪われて招く「禍（わざわい）」
⑩正しい人事をしなかったことによって受ける「害」
⑪守りの重要性を軽視して呼び寄せてしまう「国の滅亡」
⑫統制が取れていないため指示が不徹底になると迫る「身の危険」

　元が兵法なので、軍事的な色合いが濃い内容ではあるものの、現代でもリーダーたちが傾聴すべき示唆（しさ）に富んだ項目が多い。
　③④⑥⑨⑩などは、どこかの会社が不祥事を起こしたとき、その原因として挙げられていることが多いようにも感じる。
　こちらもまた、現代社会に応用できる12項目といえよう。

参考文献　（順不同・敬称略）

全般

宮崎正勝『早わかり東洋史』日本実業出版社
岡本光生『この一冊でわかる中国古典』日本実業出版社
浅野裕一『諸子百家』講談社
湯浅邦弘『諸子百家』中央公論新社
貝塚茂樹『諸子百家』岩波書店
小竹文夫、小竹武夫（訳）『史記（全8巻）』筑摩書房
西野広祥『中国古典百言百話11　史記』PHP研究所
戸川芳郎『古代中国の思想』岩波書店
守屋洋『「四書五経」の名言録』日本経済新聞出版社
池田知久（訳注）『淮南子』講談社
『詳説　世界史図録』山川出版社

1時間目

加地伸行（訳注）『論語　全訳注　増補版』講談社
貝塚茂樹（訳注）『論語』中央公論新社
井上宏生『孔子と論語がわかる事典』日本実業出版社
守屋淳『活かす論語』日本実業出版社
久米旺生『中国古典百言百話7　論語』PHP研究所
金谷治『孔子』講談社
石田琢智（監修）『面白いほどよくわかる論語』日本文芸社
渋沢栄一『論語と算盤』KADOKAWA
吉田松陰、松浦光修（監訳）『新釈　孔孟余話』PHP研究所
小島毅『朱子学と陽明学』筑摩書房
ロバート・N・ベラー、池田昭（訳）『徳川時代の宗教』岩波書店

2・3時間目

小林勝人（訳注）『孟子（上・下）』岩波書店
金谷治『孟子』岩波書店
貝塚茂樹（訳）『孟子』中央公論新社
久米旺生『中国古典百言百話13　孟子・荀子』PHP研究所

金谷治（訳注）『荀子（上・下）』岩波書店
内山俊彦『荀子』講談社
澤田多喜男、小野四平（訳）『荀子』中央公論新社

4・5時間目

福永光司（訳）『老子』筑摩書房
池田知久（訳注）『荘子　全訳注（上・下）』講談社
守屋洋『中国古典百言百話6　老子・荘子』PHP研究所
金谷治『老荘思想がよくわかる本』新人物往来社
湯浅邦弘『入門　老荘思想』筑摩書房

6時間目

金谷治（訳注）『韓非子（全四冊）』岩波書店
西野広祥『中国古典百言百話2　韓非子』PHP研究所
冨谷至『韓非子』中央公論新社

7・8時間目

守屋洋、守屋淳（訳、解説）『全訳「武経七書」1　孫子・呉子　新装版』『全訳「武経七書」2　司馬法・尉繚子・李衛公問対　新装版』『全訳「武経七書」3　六韜・三略　新装版』プレジデント社
金谷治（訳注）『孫子　新訂』岩波書店
金谷治（訳注）『孫臏兵法』筑摩書房
中島悟史『曹操注解　孫子の兵法』朝日新聞出版
守屋淳『最強の孫子　戦いの真髄』日本実業出版社
村山孚『中国古典百言百話4　孫子』PHP研究所
守屋洋『孫子の兵法』三笠書房
松本一男『「孫子」を読む』PHP研究所
浅野裕一『孫子を読む』講談社
尾崎秀樹（訳）『呉子』中央公論新社
湯浅邦弘『よみがえる中国の兵法』大修館書店

あとがき

　歴史を知ろうとすると、ある出来事は、目立つために取り上げられやすい政治的な動きだけではなく、さまざまな要素が複雑に絡み合っていることを痛感させられることが、よくあります。

　宗教や哲学・思想なども、歴史を動かすひとつのファクターになっていることがあります。現代では共産主義思想が、その代表といえるでしょう。
　そのため、歴史好きの私も若いうちから自然と、そうした方面に少なからず興味を惹かれてきました。

　そこで今回、巻末に参考文献として挙げた先達による良書の数々に大いに助けていただきながら、東洋思想についてまとめた本書を執筆しました。
　歴史を解説するイントロダクションを置いたのは、思想と歴史が実は密接に関係していて、これらを両輪として眺めると、さらに深くおもしろく、思想にも歴史にも触れられると考えたからです。

　最後になりましたが、本書執筆の機会を与えてくださった日本実業出版社の中尾淳さん、ありがとうございました。

2016年秋　熊谷 充晃

熊谷充晃(くまがい みつあき)

神奈川県出身。著述家、歴史探究家。フリーランスとして編集製作会社専属ライター、週刊誌専属編集記者などを経て2005年に独立。以後は書籍やウェブなど各種媒体で活動中。
資料・史料を収集・分析・再構成する手法をメインに、執筆キャリアは通算20年超。現在は歴史にまつわる書籍を中心に執筆している。
複数のペンネームで自著は30冊を数え、近著に、『110のキーワードを読み解く2ページでわかる日本史』(池田書店)、『教科書には載っていない 戦争の発明』(彩図社)がある。ほか共著ムック多数。

孔子、老子、韓非子から孫子、尉繚子まで
知っていると役立つ「東洋思想」の授業

2016年11月20日 初版発行

著 者 熊谷充晃 ©M.Kumagai 2016
発行者 吉田啓二
発行所 株式会社日本実業出版社　東京都新宿区市谷本村町3-29 〒162-0845
　　　　　　　　　　　　　　　大阪市北区西天満6-8-1 〒530-0047
　　　編集部 ☎03-3268-5651
　　　営業部 ☎03-3268-5161　振替 00170-1-25349
　　　　　　　　　　　　　　　http://www.njg.co.jp/

印刷・製本／図書印刷

この本の内容についてのお問合せは、書面かFAX (03-3268-0832)にてお願い致します。
落丁・乱丁本は、送料小社負担にて、お取り替え致します。

ISBN 978-4-534-05444-9　Printed in JAPAN

日本実業出版社の本

現代に息づく陰陽五行【増補改訂版】

ロングセラー待望の増補改訂版！ 日本文化に影響をおよぼした陰陽五行思想を知れば、伝統的なしきたりや生活様式の意味がわかります。占いや風水の基礎理論を学ぶうえでも最適の1冊。陰陽五行が私たちの思考や行動に根をおろしていることに気づきます。

稲田義行・著
定価 本体1600円(税別)

超雑学　読んだら話したくなる
幸運を招く陰陽五行

陰陽五行がわかれば、気になる「縁起」も味方にできます！ 引越し・新築・嫁入りの際に気になる「家相と方位」、赤ちゃんに名つけるときに気になる「姓名判断」、自分だけのラッキーデーがわかる「開運暦術」など、幸運を呼び込むノウハウを紹介します。

稲田義行・著
定価 本体1300円(税別)

勉強したい人のための
東洋医学のきほん

東洋医学の根本的な考え方から実際の治療法まで、鍼灸師、あん摩マッサージ指圧師をめざす人や中医学・漢方を学びたい人にやさしく解説した最適の入門書です。役立つ実用知識や、東洋医学の考え方の根幹となる「気」「陰陽論」「五行説」などもわかりやすく解説します。

後藤修司・監修
田中康夫・著
定価 本体2000円(税別)

定価変更の場合はご了承ください